45歳からの自分を大事にする暮らし

堀川波

はじめに

45歳を過ぎて子育てが落ち着いてくると、とたんに50代、60代、それ以降の自分の未来がはっきり見えずに不安をおぼえるようになりました。ここ二十年、活動場所はほぼ家と近所。社会とのつながりがいつの間にか薄くなってしまっていたことへの不安です。

若い頃の日記を読み返すと、「自分が人生の主人公」と書いています。

しかし気づけば、いつも自分を後回しにする生活。子どもが病気になれば仕事を休んででも病院へ行くけれど、自分の検診は後回し。習い事をしてみようかと思ってみても、それより子どもを塾へ通わせたい。旅行も、自分が行ってみたい場所より両親が行きたい場所へ一緒に行けたら満足です。でもこれが今の私の役割だったり、しあわせなのかもと思ったり……。

もちろん、嬉しい、楽しいこともたくさんあるので、家族からは「(ママは自分のことを)ちっとも後回しになんかしてない！」と怒られるかもしれません。でもやっぱり私としては、自分のことは二の次で、いつも「私はいいから、みんな頑張って！」という気持ちでいるのです。

すべてが緩やかに下降していくのを感じるなかで
家のこと、体のこと、仕事や家族についての不安は、
見て見ぬふりをしているうちにどんどん大きくなっています。
家族の中心にいることは間違いないのだけれど、

このままでいいのか？ ワタシ。

世の中と繋がってないいんじゃない？

ひとりになっちゃうんじゃない……？

どこかで自分を広げなきゃ。
暮らしを変えていかなきゃ。
目の前の心配事と、ちゃんと向き合わなければ。

気持ちが焦ると不安はますます募ります。

でも。

考えようによっては
今とこれからが人生でいちばん、余裕のある時期かもしれません。
もちろん無理はできないけれど、
いろいろな経験を重ねてきたから、だいたいのことはどうにかできる。
自分の時間をもてるのが久しぶりすぎて、
「やっと」という思いと、すこし寂しい気持ちとのあいだで、
揺れているだけかもしれません。

このゆとりを自分のために使っていこう。
らくちんに、ゆるやかに、
自分らしく楽しい50代、60代を歩いていくために
できることを探してみよう。

そう思って、
替えたりやめたり、新たに始めてみたりしたことのなかから
おすすめだけを選りすぐってまとめたのがこの本です。
「もっと早くやっていれば！」というずぼら術から、最近しっくりくる習慣、
ずっとやろうと思っていて、やっとできた、やっぱりよかった体験まで、
幅広く紹介しています。

今、私に必要なのは、
自分のために一歩外に出る勇気かもしれません。

若い頃のように、人生の主人公にならなくちゃいけませんね。

もくじ

体 2

――新たな変化、新たな手入れ

column

3 衣 ―― これからのおしゃれと身だしなみ

4 好奇心
――十年先も日々を充実させる工夫

Staff
デザイン…三木俊一（文京図案室）
写真…鍵岡龍門
印刷…シナノ書籍印刷株式会社

・掲載商品、店舗は2018年8月現在の情報（価格は基本的に税込表示）です。
・化粧品やサプリメント等の使用感や所見はあくまで著者の個人的感想です。

自分を大切にするための48のチェック

簡単にできるとわかっていても、ほかに優先すべきこと、
してあげたいことがたくさんあって、おざなりにしていた自分のこと。
ちょっと目を向けてみませんか。

- 最近、自分の体を鏡で見た？
- 次に髪を切るのはいつ？
- 親友の誕生日の予定は？
- 種から植物を育てたことある？
- 今日はどれだけお水を飲んだ？
- 寝る前に深い呼吸をした？
- 浴室の壁や床、掃除してる？
- 新しいノートがあったら何を書く？
- 茶色いマスカラ、試したことある？
- スマホを持たずに出かけたことある？
- スマホの中のいらない写真、溜まってない？
- 1年以上使っていない化粧品はない？
- 今が旬のお魚、何か知ってる？
- 日焼け止め、忘れてない？
- 美しい姿勢を意識してる？
- 年齢の離れた友人はいる？
- 今日は何歩、歩いた？
- 今年の健康診断の予約を入れた？
- 今、欲しいものって何個ある？
- 今日は、何人と話した？

・やりたいことを先延ばしにしてない？
・最近、映画館で映画を見たのはいつ？
・子どもの頃からずっと好きなものは何？
・メイクを習ったことはある？
・押すと気持ちいいツボ、何カ所知ってる？
・次の誕生日に欲しいものは？
・お腹の鳴る音、聞いてる？
・歯のフロスしてる？
・生き方に憧れる人はいる？
・新しく学びたいことって何？
・ずっと気になっている片付けたい場所は？
・昨日の月はどんな形だったか知ってる？
・今日、声を出して笑った？
・足の裏はカサカサになってない？
・シャンプーや石けんは肌に合ってる？
・自分がホッと安心できる香り、知ってる？
・10年前から何キロ太った？
・最近、両親に電話してる？
・新しいレシピにチャレンジしてる？
・食事とお酒の量はコントロールできている？
・旅に出るとしたら、誰とどこへ行きたい？
・本当はしたくない家事、いくつある？
・5年前と比べて体の柔らかさは変わってない？
・いちばん最後に手紙を書いたのはいつ？
・嫌なことがあった時、言葉を飲み込むタイプ？
・今、自分のことを好きでいてくれる人は？
・10年後の家族はどんな風に変わりそう？
・家の中に、ホッとできる場所はある？

時間があったらしたいこと、
そろそろ始めてもいい時期なのかもしれません。

Check 1

すこしずつ〝脱ママ〟始めませんか

子どもも中学校を卒業すると、ずいぶん手がかからなくなるものです。学校のこと、お金のこと、まだまだ支えは必要ですが、子ども自身も関心は家から社会へと変わっています。親を頼りにしてくれるのももう数年のことでしょう。そのあと私は燃え尽き症候群にならないだろうか、逆にはりきりすぎてバランスを崩したりしないだろうか。モヤモヤ不安が膨らむと、「まだ先だから」と自分をごまかしたりもします。

生活のほとんどをつぎ込んできた家事や育児は、見直すタイミングがいつか来ます。ただ、それがいつなのかはわからないし、迫られてから急に変えるのは大変です。ならばできることからすこしずつ、手放したり替えたりしていこうと思い始めた今日この頃。今は本格的に子どもが巣立つまでの、準備期間なのかもしれません。

改めて家の中を見渡すと、これまでほぼひとりで背負ってきた家事のなかには、「そろそろやめていいかな」「もうちょっとラクな方法に切り替えたいな」と感じることがあちこちにありました。理由はいろいろ。子どもの成長にともないもう必要がなくなったり、私自身が体力的にヘトヘトだったり、そもそもあまり効果がないのになんとなく続けてきていたり。

もちろん、突然すべてをやめるわけにはいきません。お腹がすいたらごはんを食べる。買いものへ行って料理して、洗い物をしたら片付ける。生きている限り家事は生まれるし、健康に暮らすことは、気持ちよく家事をすることだとも思います。ただその方法や頻度を見直す時期が来たのかも。子どもたちが巣立った後、私らしく暮らす足慣らしを始めています。

考えてみたこと

・料理の頻度、方法
・掃除の道具、方法
・子どもにバトンしたい物、知恵
・私が心地いい家にするには？
・こんなときはサボってもいい？

←詳しくは第１章（P.21）へ

Check 2

体の調子はどうですか

30代に入った頃も体の変化はありましたが、45歳を過ぎて感じるそれはまた違います。視力や体力の低下、肌、髪、歯などあげればキリがなく、あらがうよりも、もう受け入れるしかない変化として、最近では焦らなくなりました。

でも下り坂だと諦めるのではなく、今の自分に合う新しい方法を試してみると、感動するほど改善することもありました。「病は気から」といいますが、逆に体の調子を良くすることで、気持ちが引っぱられることもあるんだなあと実感。やはり心と体はつながっていて、どちらも早めの手入れが大事なのだと思います。

とはいえ私は根っからの面倒くさがり。散歩も運動を苦手で今まで避けてきたのですが、同世代の友人に会うと、皆、口をそろえてヨガを始めたと言います。そんなにいいなら体験レッスンだけ

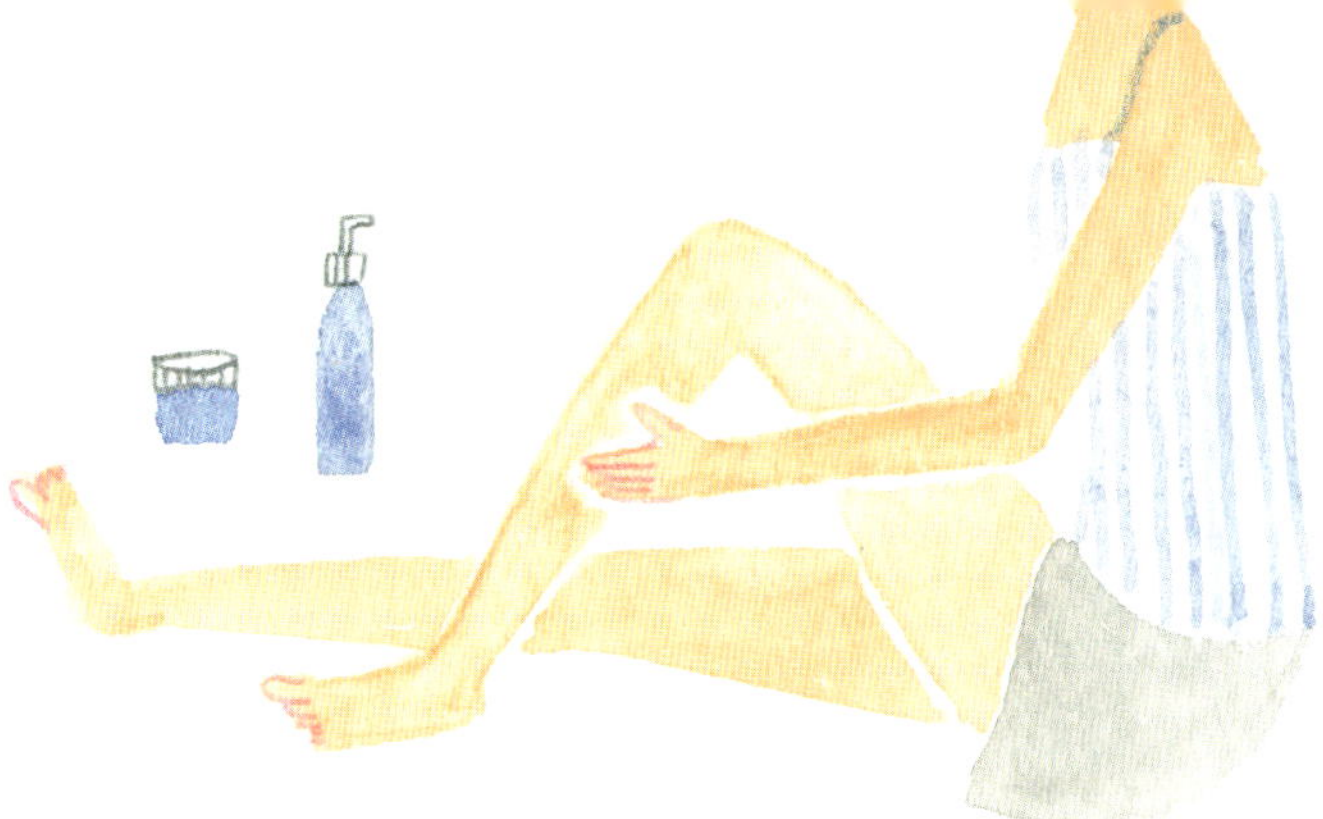

行ってもみるかと申し込んだのが、まじめに体と向き合う最初のチャレンジになりました。

すると次の日、鉛のように重かった体がひょいと軽くなっているではありませんか！　どうやら体じゅうの筋が伸び、いつのまにかあちこちの可動範囲が広がってくれたようなのです。こんなにすぐに成果がわかるなんて嬉しくて、気持ちも前向きになり、そんな自分に自分でも感動。以来、コロッとはまっています。今は週に1回、1時間のクラス。自転車で通える距離なので、飽きっぽい性格でも続いています。参加するたび、「私の体のそんなところに、こんなに伸びる筋があったのかい」と気づきをもらえ、まるで家の隅々まで掃除している気分。もしかしたら、将来の医療費が減らせるかも？　そんな話を友人としながら、無理せず続けようと思っています。

試してみたこと

・肌に合う石けん、シャンプー、白髪染め
・目を大事にするテレビの見方
・不調を悪化させない対処法
・不安が大きくなったときの落ち着き方
・健康的なダイエット

←詳しくは第2章（P.63）へ

Check 3

服やメイク、楽しんでいますか

おしゃれについてはこれまで4冊の本を書きました。40歳を過ぎた頃からそれまでの服がどうにも似合わなくなってきたのがきっかけです。これなら大丈夫と思える十八番のワンピースすら、鏡に映った姿を見ると、知っている服を着た知らない人が立っているように感じることもあったのです。「もう一度女を取り戻す」なんて気持ちはさらさらないけれど、服選びが楽しくなって自分に自信をもてたらやっぱり嬉しい。おしゃれって、年齢に関わらず自分をうきうきさせてくれるものだと思います。

一方、自分の好みがはっきりしてきた歳だからこそ、昔のままのスタイルでキメてしまうと違和感も。たとえば若いころから好きなブランドでも似合う形が変わっていたり、髪を結ぶ位置も何だか表情が暗く映ったり。だから若い頃より一歩引

き、家族やショップの店員さんの意見を取り入れる機会も増えました。客観的に見てもらうと発見があり、おしゃれの選択肢が広がることもしばしばです。

ミニマリストの方のように、数パターンのコーディネートに絞るのもラクかもしれませんが、私は今のところ、47歳の自分に似合う服を知る意味でも、たまには新調して楽しんでいます。お気に入りをひとつ増やしてみると、メイクや髪にも意識が向かって楽しいです。

ジェルネイルや手芸用品をはじめ最近はインターネットであらゆる道具がそろうので、お店レベルのことを自宅でできるものも増えました。最新の情報は娘に教えてもらいながら、自分らしさと清潔感を両立させるおしゃれを目指しています。

わかってきたこと

- 今の私に似合う服のかたち
- 清潔感ある小物づかい
- 手作りアクセサリーの注意点
- メイクは凝るほどボロが出る
- 体が健やかであることが何より！

←詳しくは第3章（P.91）へ

Check 4

好奇心をもって暮らしていますか

「子どもが完全に独立したらどうなっちゃうんだろう」と思うほど、子育ては大変だけど楽しいものでした。以前、お孫さんのいる女性に話を聞いたことがありますが、孫の世話は子育ての楽しさとはまた違うそうです。もちろんかわいいことに間違いないけれど、勝手なことはできないので、「お預かりしている」感覚だそう。誰しも親でいるときはそれほどに、子どもに没頭するものなんだろうと思います。

今までの人生の約半分、この子育てが中心にあったと思うと感慨深い気持ちになります。それと同時に、ふたりの子どもが成人したら、「子育て終了記念」として次のステップへ行く自分をお祝いしたい。そのとき私は53歳。そこからの人生、子育てより夢中になれるものを見つけられたらいいなあ。

再開したい趣味や、5年後こうなっていたいという理想の暮らしを考える機会も増えました。数十年ぶりの友人とお茶をしながら、そんな話を具体的にするようになったのもここ最近。今のところ、季節の手しごと教室を定期的に開くのが野望です。まだ夢物語のようにふんわりとしたものですが、これが意外と心の支えになっています。

　お金や健康、心配なことはあるけれど、今できる・しておくべき大事なことは、好奇心をもって動くこと、小さなことでも楽しめる自分を育むことかなと思っています。それが将来への種蒔き。足りない足りない、もっともっとと思うより、ちょっとしたことでも、あー今日もしあわせと思える土台をつくってくれると信じています。

わかってきたこと

- ひとりごはん
- 夜活
- SNSやインターネットの世界を知る
- 20年ぶりの再会
- 家族年表を書く

←詳しくは第4章（P.113）へ

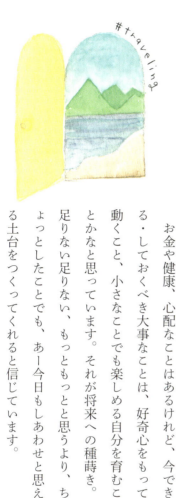

現在のわが家

私

47歳の主婦。イラストレーター。

夫

会社員。平日は帰りが遅い。家事の中では洗濯が得意。

ムスメ

19歳(大1)。旅行とバイトで忙しい。

ムスコ

14歳(中2)。ネットゲームに夢中。手伝いは時々。

1 家事
すこしずつ〝脱ママ〟始めます

一食に3色あれば合格点

そろそろ料理も、ずぼらでいいやと思うようになったのは、家族の生活スタイルが気ままになったことが大きいです。それぞれが忙しくなり、帰宅時間もまちまち。家族そろって夕飯を食べることは週に1、2回あるかないかですし、それなら料理ももう気張らず、栄養バランスさえとれていればいいか、と思うようになりました。

そこで生まれたのが「1食に3色あればOK」というマイルール。これが意外と、ビタミン、タンパク質、炭水化物、脂肪と栄養バランスがとれるうえ、盛り付けも華やかに仕上がるので続けています。たとえばメインのお肉とごはんに、葉物野菜とパプリカを添える。これだけで三色クリアします。ホウレン草かモヤシがあれば、さっと茹でてダシダとごま油であえナムルにするのも簡単だし、人参、キャベツ、きゅうりがあれば、塩で揉むだけでもう3色の副菜です。ごはんもいつもの白米に替え、玄米（茶色）や古代米（紫）を使ってみると目に新しくておすすめです。

最近は珍しい色の野菜も増えました。黄色い人参、オレンジの白菜、紫のカリフラワーなど、買いものの時に色を意識してみると、いつもと同じレシピでも新しい料理になりますよ。

［おすすめ商品→62ページ］

まとめ▼▼▼子どもから手が離れだしたら、ずぼらごはんもよしとする

たまには〝献立ごと〟買ってみる

料理そのものは嫌いな家事ではありません。ただ、「今日の夕飯どうしよう?」と悩む時間は毎日のプチストレスでした。目には見えなくともこれも立派な家事のひとつ。二十年続くとなかなかです。

　そこで最近、ミールキットを利用するようになりました。「ビビンパと韓国風スープ」や「トマトすき焼き」など、一食分のメニューごとに食材が個包装されているキットで、何がいいって、献立を考えるモヤモヤから解放されること! 使うのは月2回ほどですが、家族も外食気分が味わえるようで大好きです。丁寧なレシピ付きなのも高ポイント。中学生の息子も面白がって作ってくれるため、料理の手間すら減りました。

　これまでにも「買いものの手間が省けそう」と野菜やお肉を個別に注文する宅配は利用したことがありました。でもこれだと結局、献立を考えるしごとは私のままで、あまりラクになったと感じられなかったのですが、このキットは性に合い助かります。自分では思いつかないメニューにも出会え、心ときめく新習慣になっています。

[おすすめ商品→62ページ]

まとめ▶▶▶献立作りから解放されると、気持ちが一日穏やかに

お留守番レシピを伝授する

私の帰りが遅くなる、疲れすぎて作れないという時は、子ども自身がごはんのことをなんとかできると理想です。外食したりお弁当を買って帰ったりもしますが、大学生の娘はクックパッドを見ながらササッと作るようになりました。問題は中学生の息子。たまにはインスタントラーメンもいいのですが、それだけでは暮らしが広がらない。私が自分の時間をもつためにも、定番料理を増やしてほしいと願っています。それにこれからは、男性も料理ができて当然の時代でしょう。家事は筋トレと同じように、やればできる、続ければ必ず身になるので、まずは

うなきゅうり丼

ちょっと豪華なご褒美丼。火を使わず、洗いものも少なく済む。

1. きゅうりの塩もみを作る
2. 鰻の蒲焼きをトースターで焼く
3. ごはんに、焼きたての鰻とたっぷりのきゅうりを乗せて出来上がり

天津飯

居酒屋さんのシメでいただいた天津飯が美味しくて、教えてもらったレシピ。

1. 小鍋に和風だしに醤油とみりんで味をつけ片栗粉でとろみをつけて餡を作る
2. 半熟のかき玉を白ごはんにのせ、たっぷり餡をかける
3. 最後にマヨネーズをおしゃれにトッピングし、ネギをふりかける

簡単に作れておなかいっぱいになるレシピを伝授するようになりました。
卵さえあればできる天津飯は、なかでも板についてきたようです。冷蔵庫にある材料だけで「10分あればできる」と、本人も自信があるようです。鰻きゅうり丼やネギトロ丼は、材料さえあればほぼのせるだけ。そぼろごはんは、味にばらつきはあるもののそれなりに美味しくできています。最後に大事な炊飯術。わが家は土鍋で炊くためスイッチひとつとはいきませんが、米と水と割合、火加減のメモを冷蔵庫に貼り、「これで炊ける」と助け舟を出しています。

まとめ▼▼▼子どもが作れるレシピを増やすと、ごはんの心配いらずの夜が増える

ネギトロ丼

ごま油を加えるだけで一味変わる究極にずぼらでも美味しい丼。

1. 小口ネギを刻む
2. スーパーで買ってきたネギトロに、ごま油と1を合わせる
3. ご飯に2を乗っけて刻み海苔を散らして出来上がり

そぼろご飯

お弁当にもよく登場させた家族みんな馴染みのある味。

1. ひき肉を砂糖、醤油、生姜汁で炒める(醤油をナンプラーに変えれば、ガパオ風に)
2. いり卵を作る
3. 千切りピーマンを炒める
4. ご飯に1、2、3を彩りよく盛りつければ出来上がり

イベント料理も じょうずに手抜き

ひな祭り、端午の節句、ハロウィンにクリスマス、進級・進学のお祝いと、子どもが小さい頃は毎月といっていいほど何かしら行事がありました。でもここ数年は、必ず集まるのはお正月と子どもの誕生日くらい。「家でする」ことや「私が作る」ことにこだわらず、親も子も気ままなスタイルになりました。何かしてあげる、おもてなしするという姿勢から、一緒に楽しむ、じょうずに手抜きするスタイルに徐々にシフトしているのだと思います。

たとえば花見は子ども抜き。おつまみだけ持って近所の公園へふらりと寄ったり、誕生日会ではご馳走作りに必死にならず、ご当地のお肉や牡蠣を取り寄せたりして楽しみます。息子が友達を招く時も、たこ焼きパーティーが恒例。前もって料理する手間がいらないし、取り皿は経木、食べるのも竹串にすれば雰囲気も出て一石二鳥です。

イベントの回数が減ることで、一つひとつの準備期間が長くとれるというメリットもあります。「今度、何作ろう?」「こんな飾りはどう?」と娘や夫と本を広げたり、ときには一緒に買いに行ったりできるようになったのは、最近の変化。普段の料理はずぼらになってもこういう機会を楽しめるのはやっぱりいいなあと思うので、私だけがはりきるよりも、他の人の手をうまく借りて続けることが、これからの理想かなと思っています。

January

お節料理

作る：筑前煮と栗きんとん。母と義妹、娘と手分けします
手抜き：黒豆や田作りなど食べたいけれど作るのが大変なものはデパ地下で購入
楽しむ：華やかに盛りつけること

February

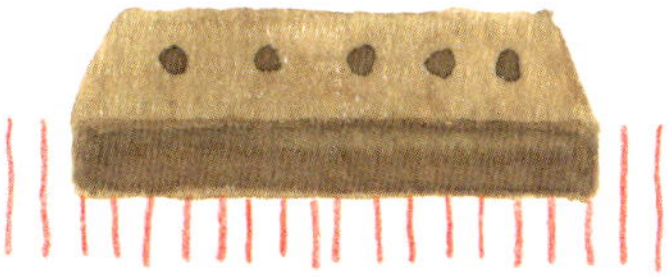

バレンタインのチョコケーキ

作る：家族で食べるチョコレートケーキ
卒業：娘が高校生の頃までは、毎年「友チョコ」という名の手作りお菓子100個のお手伝い。最近やっとその習慣から卒業しました

March

ひな祭りごはん

作る：三色雛寿司、出汁巻き卵、焼き魚
手抜き：具の仕込みが大変なちらし寿司を卒業。2色の寿司飯を重ね、牛乳パックで作れる簡単押し寿司に
楽しむ：竹かごにかわいく盛りつけ

April

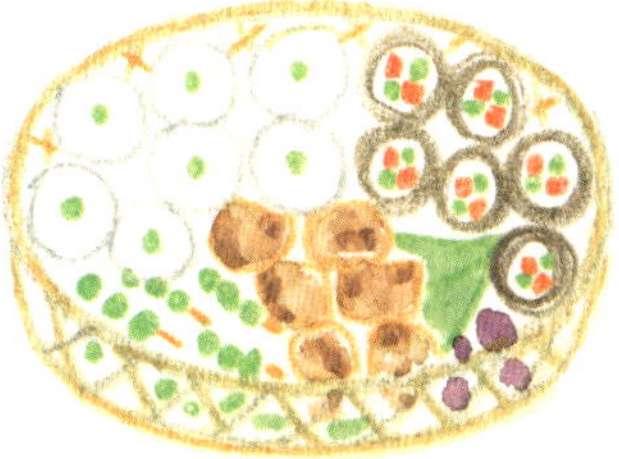

お花見弁当

卒業：子ども＆ママ友の大人数でのお花見会
楽しむ：簡単なおかずや市販のデリで、大人だけの公園ランチ
おすすめ：φ30cmくらいの竹かご。詰めるだけでも和の雰囲気に

May

母の日カレー

手抜き：この日は子どもが夕飯係。プレゼントの代わりにカレーを作ってくれ、後片付けもお任せ。物をもらうよりも正直嬉しい一日です

June

島根のちまき

楽しむ：夫の実家、島根県では、月遅れの端午の節句に笹巻き（ちまき）食べる風習があります。夫が子どもの頃の家族の行事を、今は義母から贈ってもらう笹巻きで楽しんでいます

July

たこ焼きパーティ

作る：息子の誕生日は「たこパ」が恒例。水でなく出汁で粉を溶くのが美味しさのコツ［**おすすめ商品→62ページ**］

手抜き：使い捨ての経木を取り皿にして片付けをラクに。アマゾンでまとめ買いしておきます

August

お盆の手巻き寿司

作る：手巻き寿司

手抜き：凝った料理は作りません

楽しむ：インターネットで目玉のネタをお取り寄せ。美味しいと会話も弾みます。「ポケットマルシェ」というサイトをよく利用します

まとめ▼▼▼「手作りisベスト」ばかりじゃない。頑張りすぎずに楽しもう

September

新米とさんまごはん

作る：さんまの塩焼き、きのこの味噌汁、新米

楽しむ：スーパーにさんまが並ぶともう買わずにはいられません。わが家に秋を告げるイベント的献立になっています

October

娘の手まり寿司

手抜き：娘が15歳になった頃から、私の誕生日に手まり寿司を作ってくれるようになりました。色とりどりの丸いお寿司が並び、華やかで嬉しい一日です

November

ぎょうざパーティ

作る：餃子。皮で包むところからみんなでします。一人じゃないからたくさんの数もすぐ完成！

楽しむ：シソ、エビ、プチトマトなど入れても美味しいです。お花のように丸く並べて焼くと、出した時に盛り上がります

December

クリスマスごはん

作る：サラダ。ベビーリーフとプチトマトを、リースに見立てて輪に盛りつけ

手抜き：ローストチキンは購入します。色々な店で売っていますが、わが家は近所の焼鳥屋さんがお気に入りです

さよなら、コットンのふきん！

子どもは小さい頃アトピーがあり、野菜ひとつ、下着一枚でも天然素材であることが選ぶ基準になっていました。ふきんもそうで、奈良の蚊帳ふきんや綿100％のものを選び、洗っては干していましたが、台所だとどうしても乾きが悪い。ジメッとした状態で、時々煮洗いや漂白するものの雑菌が気になっていました。

暮らしに手をかけ、楽しむことを大事にしたいとは思っています。でも、それだけがいつも正解かな？　と疑問に感じ始めた頃、ふと気がついたんです。エコや天然素材にこだわっていたのは、母になりたてで不安だらけ、暮らしを模索している時期だったからなのかもしれない、と。今では暮らしの経験を積み、快適に家事を済ませることのほうが優先度が高くなりました。子どもも成長しアトピーがなくなり、エコや天然素材にこだわる理由も、そこにはなくなってきています。

30代の頃

無印良品の落ちワタ混ふきん
・綿100％でナチュラルな風合い
・汚れがつきやすいので漂白が面倒

40代の今

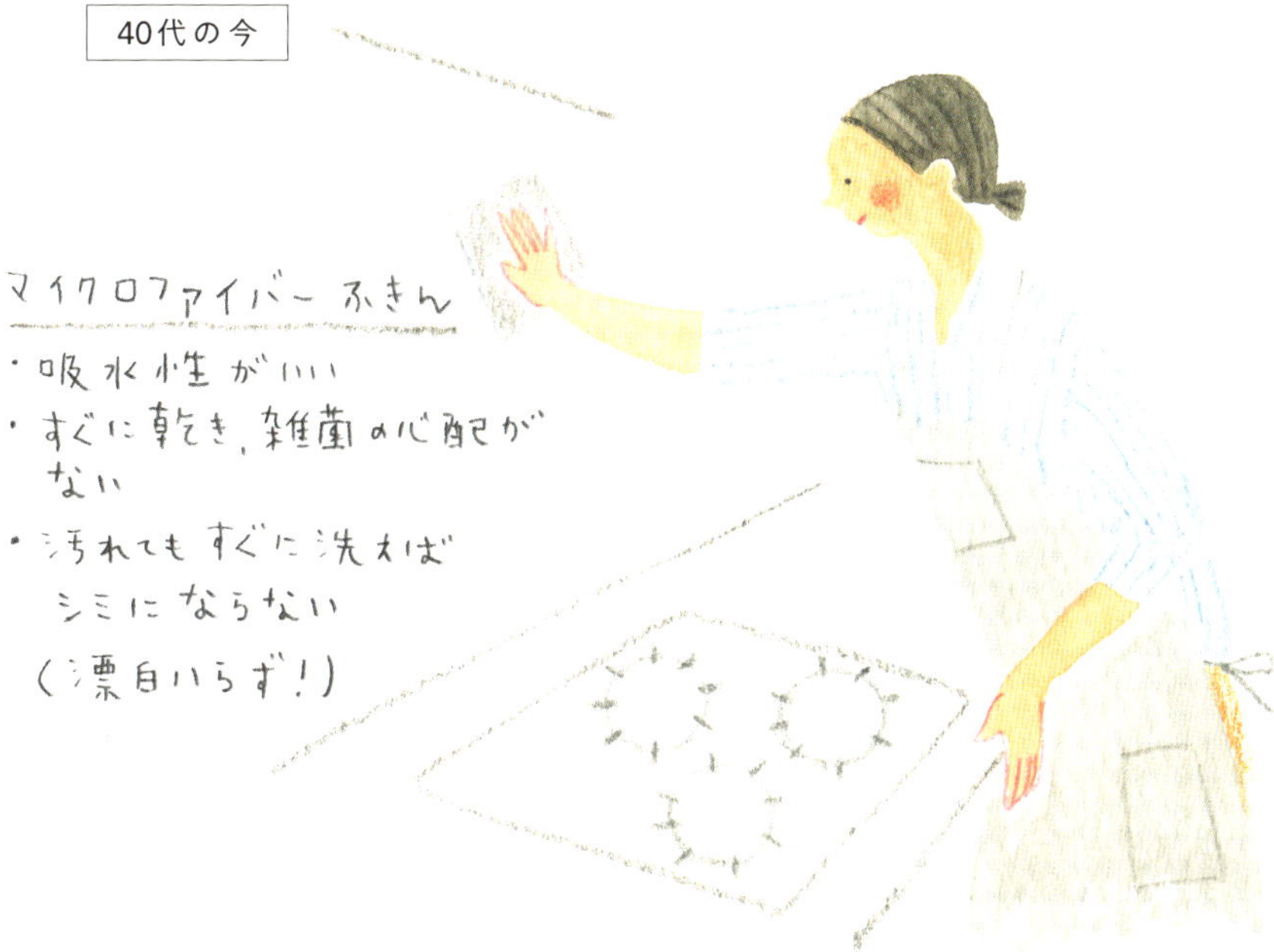
マイクロファイバーふきん
・吸水性がいい
・すぐに乾き、雑菌の心配がない
・汚れてもすぐに洗えばシミにならない
(漂白いらず!)

そんな折、きれい好きの友人が絶賛していたのがマイクロファイバーのふきんです。油汚れがたやすく落ちるのでシンク周りがピカピカになるうえに、すぐすすげばシミにもならないとのこと。惹かれましたが、気になったのはその色です。ピンクや黄色、緑というカラフルさで、しばらく手が出ませんでした。

これだというものが見つかったのは、意外にも車用品のサイト。グレーや茶色など落ち着いた色が揃っていて、これならわが家にも馴染みそう、と即購入。使ってみると評判通りで、何より断然すぐ乾く! 天然素材を使うことが暮らしを楽しむ条件のように考えていた私ですが、思い込みを捨て道具を替えると、こんなに快適になるものかと実感しました。

[おすすめ商品→62ページ]

まとめ▼▼▼「丁寧な暮らし」のイメージから、解放されると家事がラクに

完璧じゃなくても手伝いを歓迎

子育てに関わる家事が減る一方、日々発生する家事はどうしてもゼロになりません。ごはんの後の食器洗い、お風呂の後の風呂掃除、4人分の洗濯は、生活しているかぎり毎日です。

でも「お茶碗洗って」と息子に頼んでも、コンロやシンクまでは掃除しない。「お風呂洗って」と娘に頼むと、浴槽は洗ってくれても壁や排水溝は手つかずのまま。「洗濯して」と夫に頼むと、干してはくれても、取り込んでたたんでクローゼットに戻すことまではしてくれません。「あーもう、全然できてない！」と、ラクになるはずが逆にイライラしていました。

そこで考え方を変えることに。目の前に溜まっていく家事は家族の担当、そのあとの仕上げやフォローは私の担当、と思うことにしたのです。これならはじめから「分担はここまで」と割り切っているのでイライラしないし、私は私で納得いくレベルまで行えるから気持ちがいい。時間的にも早く済むし、なによりお互いにやっているという意識が生まれ、「お疲れさま」「ありがとう」と言う心の余裕ができました。

たとえば洗濯は……

干すのは 夫か娘
たたむ以降の
しごとは 私

まとめ▼▼▼完璧にこなしてくれなくてもイライラせず、分担できたことにまず感謝

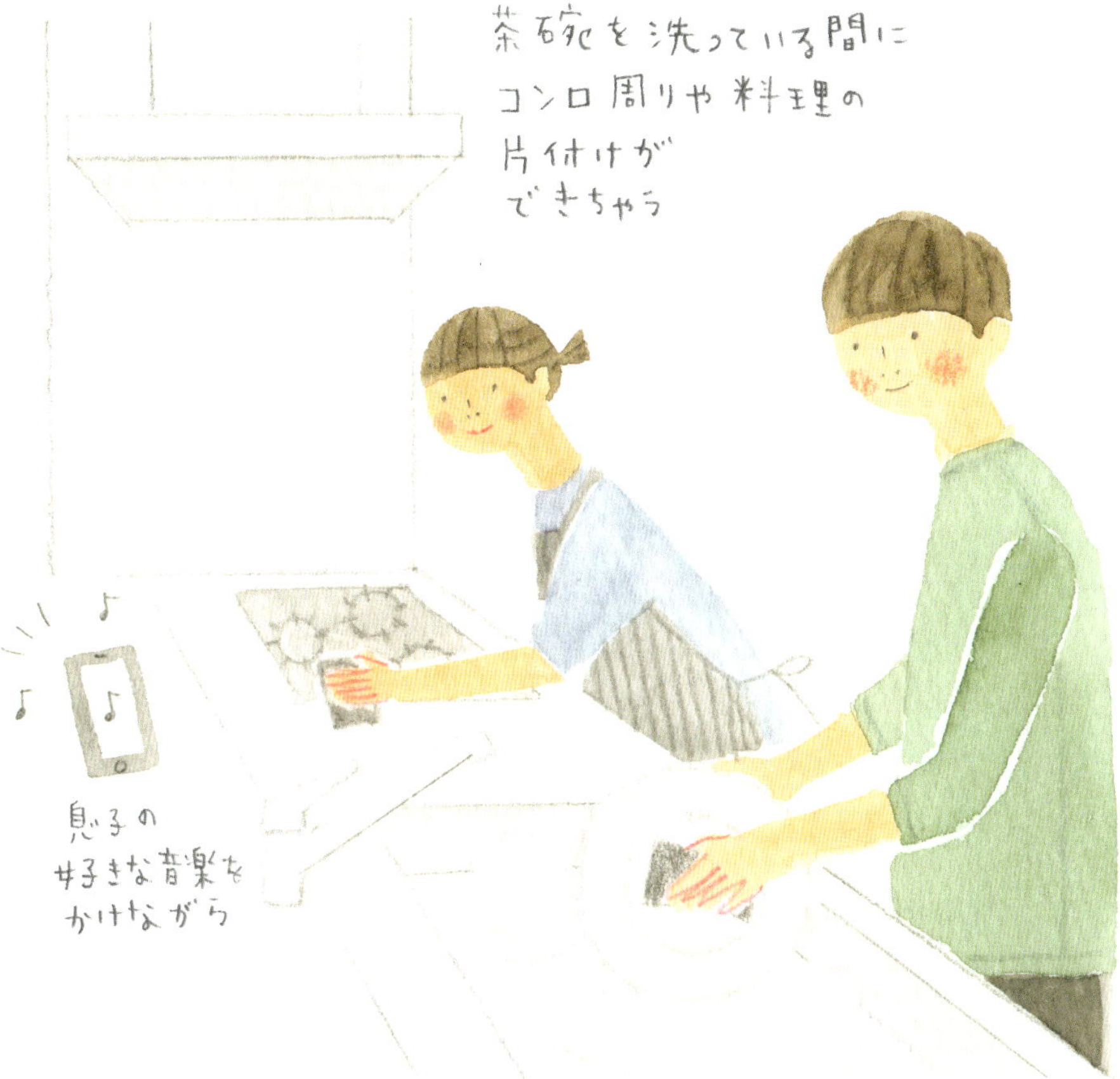
茶碗を洗っている間に
コンロ周りや料理の
片付けが
できちゃう
息子の
好きな音楽を
かけながら

自分ひとりではしてくれなくても
「やるよ」と声をかけると
素直に手伝ってくれます

丸々一日、家事OFFデーがあってもいい

ずーっと
ゴロゴロ
掃除も料理も
しません

家事や仕事をしていれば、肉体的な疲れだけでなく、頭も凝ってくるものです。二十年近く続けてきたんだもの、そろそろ風向きを変えるもの必要だよ、と近頃は積極的に自分を許すようになりました。だから頑張りすぎて疲れた日は、思いきって一日ぐーたら。体のほうから「息抜きしたい」と訴えているのだととらえ、丸一日パジャマで過ごすこともあります。実は家族も、私がぐーたらすると喜びます。おそらくいつも、あれしろこれしろと言われてうるさいのでしょう。そんな私が緩やかになると家の中もゆるっと和み、なんだかのびのびできるよう。「じゃあ俺も今日はずっとゲームしよう」と負けずにごろごろし始めますが、たまにはそれもいいかな、と思っています。

子ども優先の生活から、自分優先の生活へ、や

っと戻れる兆しが見えてきたようです。「人のために生きたこの二十年って、我ながらすごい」としみじみしながら、ソファでごろごろ。家事ＯＦＦデーはごはんも作らず外食や出前を利用して、また明日から頑張る充電の日とします。

のび〜〜
でも結局また明日から
「がんばろ!!」と思っちゃう

ぐーたらのヒント

- うまくいかないことが続いたら、今はそんな時だとあきらめる
- バカなんだよーできないんだよーと人に甘える
- 女ともだちと長電話してストレス解消

まとめ▼▼▼わたしファーストな家事ＯＦＦデーは、実は家族も大歓迎

重たい掃除機はもう不要

掃除機
を背負っての
階段の
昇り下りは
ツライ…

子どもが大きくなってくると、部屋がしっちゃかめっちゃかに散らかるとかいうことがなくなります。そうなると、もう手放してもいいなと思ったのがコード付きの重たい掃除機です。前々から評判を聞いていた、マキタのスティック掃除機に切り替えました。

使い勝手は想像以上。約1キロと驚くほど軽く、掃除機がけで疲れていた頃が嘘のようです。見た目もスリムでコンパクト。今まではリビングから離れた納戸にしまうしかなかったのですが、これは冷蔵庫と壁のちょっとした隙間にかけられます。出し入れが億劫でないので「あ、ここ汚れているから掃除機かけよう」と、日に何度も気軽に使えるし、コードレスなので部屋や階を移動するのも格段にラクになりました。

スーイスイ

掃除機に合わせ、パワーがないと汚れを吸いきれない毛足の長いカーペットは処分しました。代わりに買ったのはコインランドリーで洗えるコットンのラグ。暮らしの変化をきっかけに、家電を見直し、フットワークまで軽くなりました。

[おすすめ商品→62ページ]

マキタのコードレスクリーナー

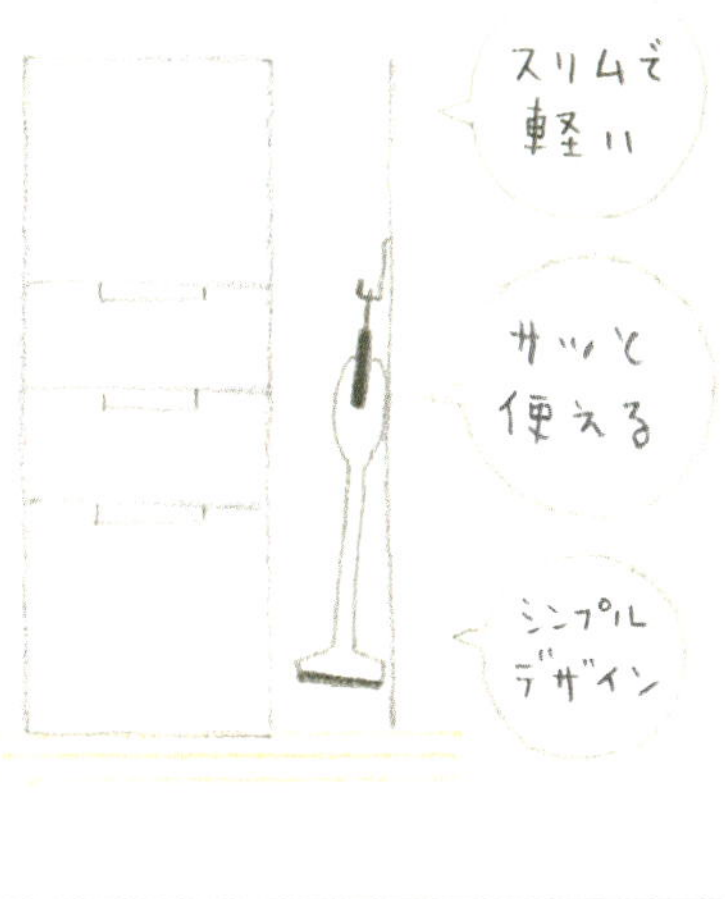
スリムで軽い
サッと使える
シンプルデザイン

まとめ▼▼▼掃除・楽《ラク》には道具・軽《カル》。負担がぐんと下がります。

撮影隊を卒業したらテレビまわりが断捨離できる

こんなに変わるかと驚くほど、AV機器はここ20年で大きく様変わりしました。子どもの成長を見逃すまいと撮り溜めたVHSテープは百本以上。ビデオカメラやビデオデッキ、ケーブル類など、かつては周辺機器がたくさん必要でした。家族が集まれば上映会をし、ダビングしては実家へ送りと、子どもが小学生のあいだは頻繁に使っていましたが、その機会もだんだん減ってきます。テレビの裏には、ほこりをかぶったコードたち。絡まりあってジャングルと化し、掃除に苦労する場所でした。

手放せたもの

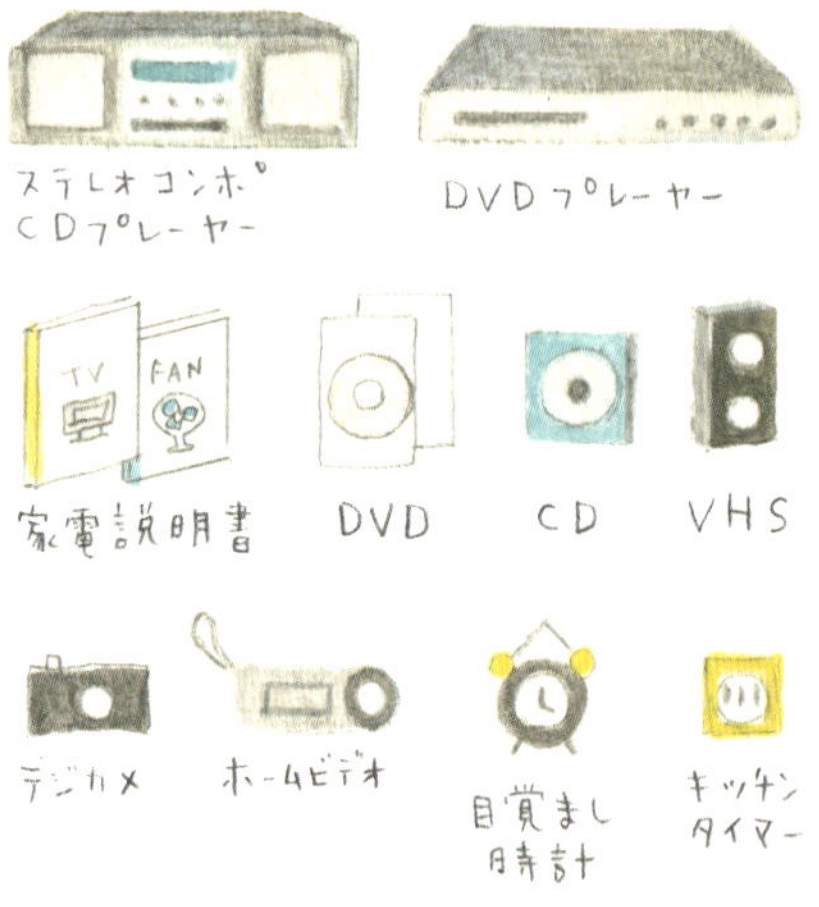
ステレオコンポ
CDプレーヤー
DVDプレーヤー
TV
FAN
家電説明書
DVD
CD
VHS
デジカメ
ホームビデオ
目覚まし
時計
キッチン
タイマー

運動会や学芸会へ撮影隊として出動することがなくなった今、撮るのは年に数回で、それもスマホで十分です。撮影したらユーチューブにアップロード、限定公開（URLを知っている人だけ見られる設定）して家族や友人と共有するのがいちばん便利な方法

で、観るのもインターネット経由でテレビに映すため、テープやDVDも不要です。

「時代は変わったなあ」とつくづく感心するのと同時に、処分した物がたくさんあることに気づきます。ビデオカメラやビデオデッキ、ケーブルはもちろん、各種説明書やデータを焼いたCDやDVD。テレビもブラウン管から薄型になり、リビングはずいぶんスッキリしました。

今では家族それぞれスマホがあるので、観るのも撮るのも一人ひとりのタイミング。これからもどんどん進化する技術で、暮らしは変わっていくのでしょう。便利なアプリやスマホの活用法を子どもたちから教わることが、一緒に観ていた時間に代わる新しいコミュニケーションになっていくのかもしれません。

まとめ▼▼▼スマホのおかげで撮るのも観るのも掃除もラクに

「色の片付け」で部屋をオトナに

子どもが個室をもつようになると、リビングの居心地を子ども中心に考えなくてもよくなります。家で過ごすのも家のために働くのも、いちばん長いのは私。それなら私のためにリビングを整えてもいいだろう、大人モードにシフトチェンジしてもいいだろう、と思うようになりました。そこで行ったのが「色の片付け」。部屋がごちゃっと子どもっぽく見える原因は、物の数より色の数にあったりするので、この効果は絶大です。捨てられない物がたくさんあっても、色を揃えた箱にしまえばスッキリするのもそのためです。

わが家のリビングは、ローテーブルや棚のこげ茶がベース。これがメインで6割くらいと考えて、ソファの赤が3割、観葉植物の緑1.5割、残りすこしをクッションの挿し色として足しています。クッションは数色ありますが、トーンを合わせればうるさくなりません。

色の選び方は自由ですが、1色目は既にいちばん多い色（大物家具など）、2色目は濃い引き締めカラー、3色目はアクセントになるカラーを目安にするのもひとつです。2、3色目の選び方で、自分らしさも取り込めます。3色に絞りきれないときは、すこし離れて眺めてみてください。視界の中でなんだか違和感をおぼえるような、はみ出た色はありませんか？　カーテンやクッション、ごみ箱やティッシュケースなど小物かもしれません。それを省いてみるとうまくまとまるはずですよ。

大人モードへ模様替え

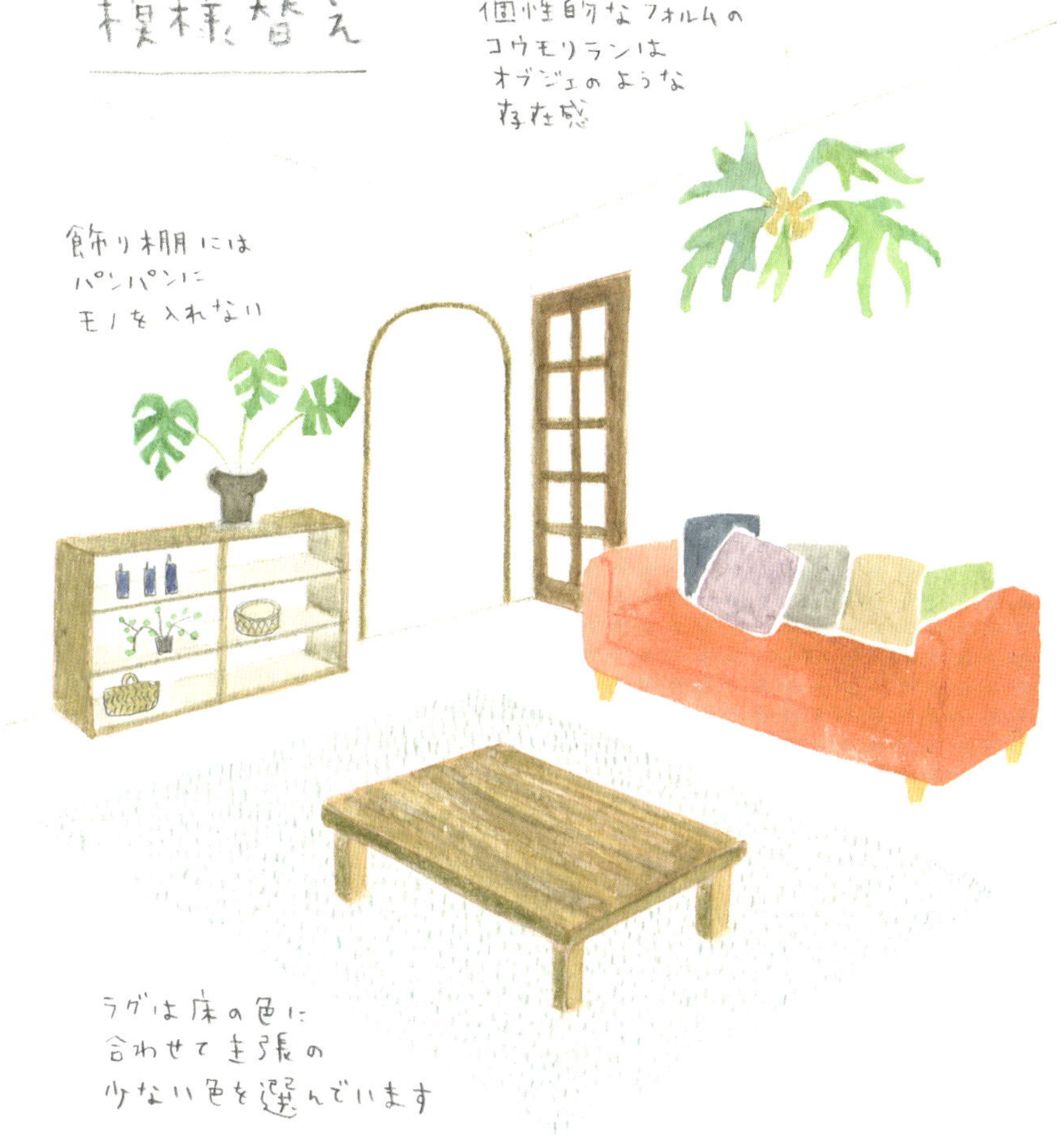
個性的なフォルムの
コウモリランは
オブジェのような
存在感
飾り棚には
パンパンに
モノを入れない
ラグは床の色に
合わせて主張の
少ない色を選んでいます

befoer

カラフル
モビール
柄もののクッションカバー
絵本やおもちゃで
ギュウギュウでした

まとめ▼▼▼色の数を減らすだけで、部屋はぐっと大人っぽく

タオルの色をグレーに揃える

色の片付けでもうひとつおすすめなのがタオルです。今の家に引っ越したのは、子どもが8歳と13歳のとき。それを機にカラフルな色やキャラクターものの子ども用タオルを一斉に処分し、IKEAのフローダレンというラインにそろえました。色は落ち着いたグレー一色。サニタリーが一気にホテルライクになりました。

寂しさがまったくないといえば嘘になりますが「小さい子どものいる暮らしはおしまい」とキッパリ区切りをつける断捨離でもありました。子ども用のデザインを日々目にしていると、まだまだ子どもが幼いような、自分もその頃のお母さんでいるような感覚が続いてしまうのでタオルのようなワンアイテムでもいいから入れ替えてみようと決めたのです。いざ替えてみると、使っている時だけでなく、干す時、たたむ時、収納している棚の景色まで変わるので、家じゅうが大人っぽく感じるほど。子ども自身も案外思い入れがなかったようで、反対もなくスムーズにできました。

リフォームや家具の買い替えは大変です。でもタオルの入れ替えなら手軽にできる。長年使ってくたびれてきた物を新調しつつ、気持ちを切り替える面で脱ママに貢献してくれます。

［おすすめ商品→62ページ］

before
かつては子供用のもの
などでサイズ、柄もバラバラ
after
洗面所のバスタオルは
グレーで統一。
色とサイズが揃うと
スッキリ収納できます

まとめ▼▼▼シックな色に取り替えて、子どもっぽい空気を一掃

育てる喜びは植物で

落ち込んだ気持ちを前向きにしてくれたり、クサクサした気分を浄化してくれるのがわが家で育つ植物です。長いものは、もう二十年近く連れ添う相棒。朝、洗濯物を干す前のほんの1分でもぼーっと眺めていると和みます。手がかからなくなってきた子どもの代わりに、育てる喜びを感じさせてくれるのも今の私がハマる理由。植木鉢の土が原っぱになっていくのを見ているのは、たまらない癒しの時間です。

室内でも数種類育てていますが、屋外に比べると難易度が高く、枯らしてしまった経験も。それからはトックリランやモンステラ、アスパラガスマコワニー、ガジュマル、コウモリラン、オリーブ、ハランなどの比較的丈夫な品種だけを選ぶようにしています。これらはちょっとくらい放っておいても元気。旅行で1週間ほど家をあけた時も問題ありませんでした。ベランダで育てているペパーミントやカモミールは、多年草なので冬に枯れても春にはまた芽を出します。あいだから生えるツユクサやカタバミ、ヘビイチゴ、オシロイバナなどの雑草も、小さくてもたくましい生命力。暮らしに精気を与えてくれます。

特に成長が早い
アスパラガスマコワニー

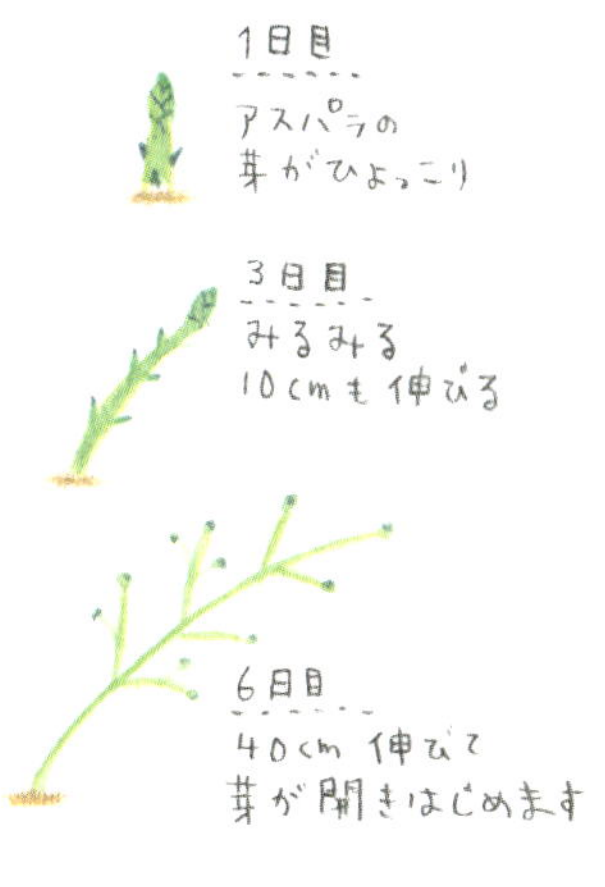
1日目
アスパラの
芽がひょっこり
3日目
みるみる
10cmも伸びる
6日目
40cm伸びて
芽が開きはじめます

まとめ▼▼▼手のかからなくなった子どもの代わり？ すくすく育つ植物が楽しい

手仕事の小物で
ぬくもりをプラス

全国の民芸館で買い集めた郷土玩具

北欧暮らしの道具店で買った柳のバスケット

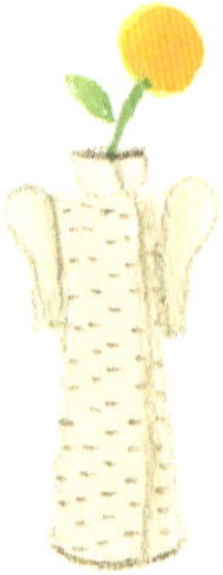
リサ・ラーソンのフラワーベース「ワードローブコート」

チョークで数字が書ける黒板時計

岩手県、盛岡の荒物屋で買った竹細工のくずかご

たとえば初めてうかがうお宅で、玄関にちょこんと置物が飾られていたりすると、気持ちがほっこり和んだ経験はありませんか？　さりげない物でも、その人らしさや暮らしを楽しむ様子が垣間見えると心地よさが漂います。

そんな温かな雰囲気を醸しだしてくれるのは、

手仕事で作られた物が多い気がします。もちろん普段の生活用品には、工場生まれの優秀な既製品もたくさんありますが、それらは生活を助ける道具であって、暮らしを潤してくれる物ではありません。ホッと一息つく部屋の片隅、毎日立つキッチンの窓辺、そんな小さなスペースでよいので、人の手で作られたお気に入りの物を飾っておくと、心が穏やかに保てます。

わが家の場合、たとえばくずかごは盛岡の荒物屋さんで見つけた竹かごを使っています。本棚には旅先で集めた郷土玩具。土人形がとくに好きで、疲れた時に眺めると癒されます。自分で作るも好きなので、カーテンやクッションカバーは縫ったもの。悩んだり行き詰まったりした時に、無心でチクチクする時間もまた大好きです。

無印良品のカーテンに
巨大な花をアップリケ
息子がはじめて描いた
「まる」をアップリケした
クッションカバー
たまには
自分で作ります
TVを見ながら
チクチク 針仕事

まとめ▼▼▼人の手が作った物を飾ると、部屋が自分らしくほっこりと

Spring - Summer
無印良品
ガーゼケット
IKEA クッションカバー
BOOK

リビングを肌触りよく衣替え

衣替えで半年ぶりに服を出すのは、まるで隠していた宝物を出す感覚。見慣れているはずなのに新鮮で、毎年ときめく瞬間です。インテリアも同様で、衣替えをすると楽しいもの。リビングでは主にソファまわりで、直接肌に触れる布ものを衣替えすると、居心地の良さがぐんと上がります。

春夏の相棒は、さらりとしたガーゼケットにコットンのクッションカバーです。はっきりした原色系を並べると、見た目も爽やかに整います。そして肌寒い秋が来たら、ウールのブランケットやスモーキーカラーのクッションカバーに衣替え。

Fall - Winter
クリッパン
ウール
ブランケット
IDEEのクッションカバー
クリッパン　ひざ掛け

しまいこんでいたラグも引っぱり出せば、冬に向けた巣篭りコーナーが完成します。くつろぎの場が変わると暮らしにもメリハリが生まれ、「誰か呼んでみようかな（そのために掃除も頑張ろうかな）」という気持ちもおこります。

ほかにも、飾り棚の中を春夏は植物や珊瑚、秋冬は木製の人形やキャンドルと入れ替えたり、毎日使うコップをガラスから土ものにしたりとちょこちょこと。家にいる時間が長い私ならではかもしれませんが、自分の居場所に楽しみを見つけて手をかけるのは、小さくもとても心満たされる幸せです。

［おすすめ商品↓62ページ］

まとめ▼▼▼ファブリックを季節で入れ替えると、居心地の良さがぐんと増す

人を呼んで家族の風通しを良く

家族全員家にいても、みんなが同じ部屋で過ごす時間がほとんどなくなったのはここ数年での変化です。子どもは自分の部屋にいたがるし、働き盛りの夫は疲れを癒すのが最優先。いつも一緒にとは言わないけれど、家のなかにぎこちない空気が流れるのはなんだかなぁとも思います。

「ならばいつでも誰でもウェルカムな家にしよう」というのが、今のところうまくいっているアイデア。親戚や友人など第三者が来てくれると、家のなかの風通しが良くなり、私たち家族のあいだにも自然と会話が弾むのです。だからリビングは日頃から散らかさないように。洗濯物は山になるほど放置せず、来客時に片づけが億劫にならないようにしています。また、ダイニングにはスタッキングチェアを常備。来てくれた人数分、パッと席を増やせるようにしています。おかげで私の友人がお茶しに来たり息子の同級生が泊まりに来

おしゃべりする人たち
友人とネットゲーム
同じ空間でそれぞれの楽しみ方

たりもしょっちゅうで、その出来事を通じて娘や夫とも話すネタが増えました。

夫婦の距離感も変わってきています。30代の頃は夫と並んでテレビを見ていたけれど、今はそれぞれ別のことをしながらなんとなく気配がするくらいがちょうどいい。これも自然な変化ととらえ、「いつも一緒」「集まって仲良く」を求めすぎない、心地よい距離感を模索するようにしています。

まとめ▼▼▼「いつでも誰でもウェルカム」な家は、家族同士にもいい作用

季節の味覚を自分のための贅沢に

茅の輪くぐり
1
2
3
4
5
6
7
8

六月
夏越の祓えの
帰りにいただく
「水無月《みなづき》」
氷をかたどった
水無月

食で季節を感じるのは、日常でできるちょっとした癒し。スーパーで旬の野菜や果物を見つけるとワクワクします。そんな食材で料理するのは、自分の楽しみ半分、子どもたちに知識や伝統を伝えたいという思い半分で続けてきました。その成果があったのか、娘は学校帰りに「今日は夏至だから」とタコを買って帰ってくるまでに成長しました(笑)。食の伝道師的役目も十分果たせてきたのかなと、最近は自分のためのご褒美として、季節を味わう機会を増やしています。和菓子屋さんでいただく甘味は、そんなプチ贅沢のひとつです。

たとえば6月、夏越の祓えの際に出まわる「水無月」は、この時期しかない涼やかなお菓子です。これまでは家族みんなでお参りに行き、帰りに水無月を買って家で食べるのが習慣でした。今も時間が合えばそうしますが、それぞれに予定もあるので、私は私のペースでゆっくり。今年もこの季節が来たなあと、友人を誘って健康と厄除け祈願。そのあと和菓子屋さんへ寄り、おしゃべりに花を咲かせたりしています。

[おすすめの店↓62ページ]

あじさいもち
この季節
ならでは

まとめ▼▼▼季節を味わうご褒美を自分のとっておき時間にする

「家族ごはん」から「ひとりごはん」

最近は、ひとりで夕食をとる日が増えました。寂しいような、自由になったような。外食すれば賑やかで気がまぎれるかもしれませんが、一人で食べに行く勇気がなく、かといって「一緒に食べに行こう」と急に誘える友達も思いつかず。60、70歳になったとき、一緒に夕食を囲める友達がいたらいいなあというのは、ひとつの憧れでもあります（今から実現できるよう野望ノートに書いておこう！）。

さて、そんな家でのひとりごはんですが、いいところもちろんあります。まず洗いものが少なくて済むところ。お茶碗も使わず、大きなお皿にカフェのようにして盛れば、洗う食器もひとつだけ。4人分の面倒くささがないので、シンクに溜めてしまうこともありません。すこし余裕のある週末は、小鉢に惣菜をちょこちょこ盛って、お酒とともに居酒屋気分を楽しんだりもしています。家でボーッとする時間があるなんて、つい最近になって得た贅沢。一週間の疲れを癒す静かなリラ

焼魚定食
- ほうれん草とベーコンのソテー
- 直径27cmのお皿はワンプレートにぴったり
- ほうじ茶
- もずく
- しその葉で彩りアップ！
- おにぎり

high ball

お惣菜プレート
ダイソーに売っている黒い石の
スレートプレートはカラフルな
デパ地下惣菜が
おいしそうに見えておすすめです

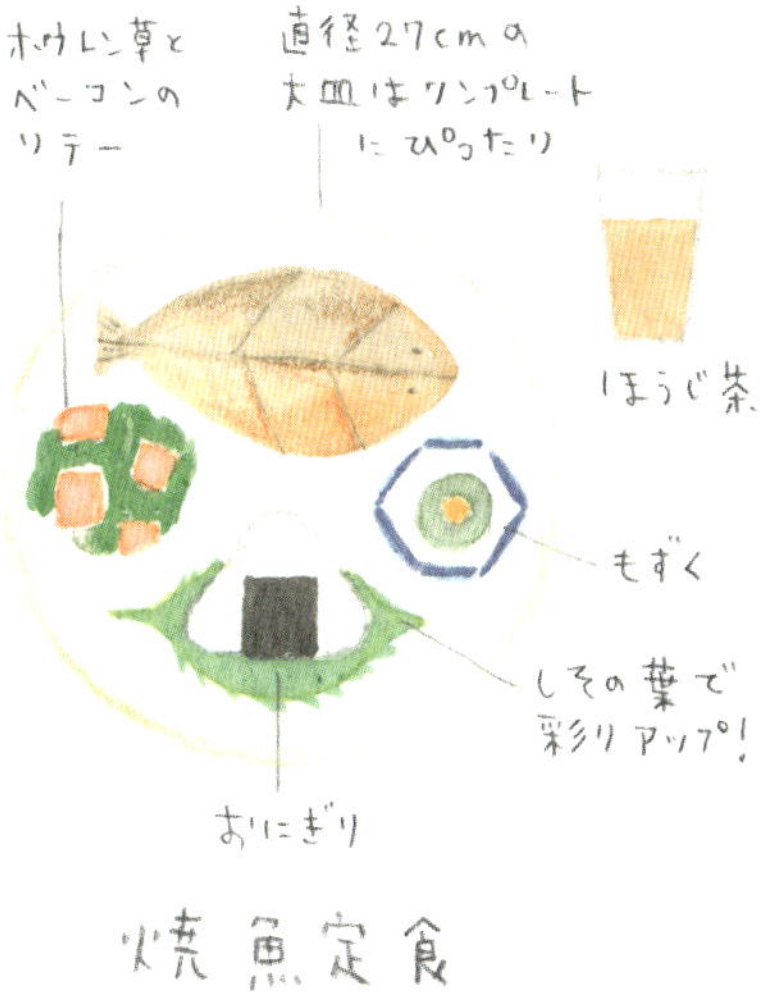

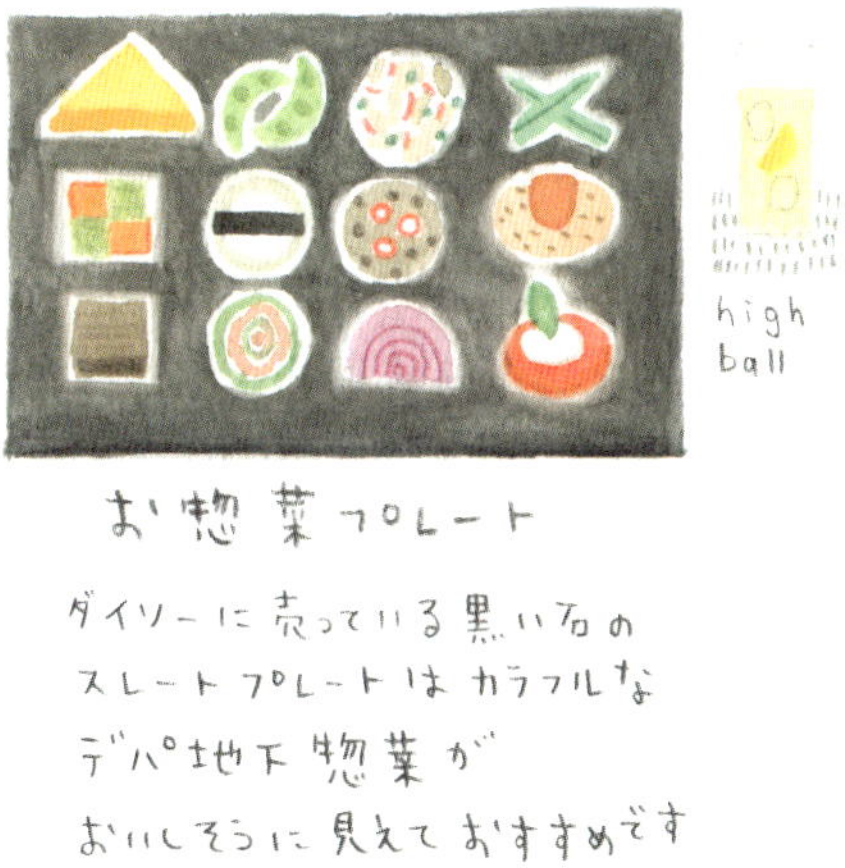

ックスタイムです。

思えばこんなふうに盛りつけに凝るようになったのも、ひとりごはんがきっかけかもしれません。お惣菜を買ってきた時もパックから出し、お気に入りの皿に盛る時間を楽しみます。季節の葉を彩りに添えるとスペシャル感も出て、なんだかプロの気分です。

そんな趣味ができきつつも、実はまだ寂しさとのあいだで揺らいでもいます。「帰ってきたらちょっとつまむかな」と子どもの分を残してみたり、自分のおなかはいっぱいでも「ついでだから作っちゃおうか」と追加で作ったり。慣れてしまえば、一人のほうが気楽でいいと思うのでしょうが、今はまだ寂しさのほうがちょっと多めかもしれません。

［おすすめ商品→62ページ］

まとめ▼▼▼まだ慣れないひとりごはんも、盛りつけやご褒美の一杯で楽しく

「思い出箱」で親離れ子離れ

わが家の屋根裏には、子どもたちの思い出のものを入れた箱が6つほどあります。産着からはじまり、ファーストシューズ、お気に入りだった服、初めて描いた絵、小学生の頃のノートや作文など、娘、息子それぞれに保管した「思い出箱」です。

子どもたちが覚えたてのひらがなを書いたり手作りの服を着ていた当時、子どもに関する物の管理も母である私のしごとでした。だから無意識のうちに物も私のもののような気がしていましたが、本来はその子自身をつくりあげた個性のカケラのようなもの。一つひとつ思い出箱に入れることで、本人たちにお返しするような気持ちで、私にとっては子離れの一作業になっています。

今のところ、それぞれ二十歳になったらプレゼントする予定です。その先の人生でつまずいたり迷ったりした時にこの箱を開けば、自分が愛されて育ったことを実感できたり、昔からこんなことが好きなんだ、と原点に帰るヒントになればと願っています。私自身、実家を片づけていた時に落書きだらけの絵本や小学生の頃の連絡帳、中学生時代の交換日記などを見つけ、なんだか気持ちが救われた経験があります。芯の部分は何も変わっていないことに安心したというか、突然今の自分になったわけではなく、その時その時の自分がマトリョーシカのように重なって、今を私を形成しているんだということに安心できたのだと思います。

［おすすめ商品→62ページ］

まとめ▼▼▼子どもの歴史を子どもにバトン。親の気持ちも一区切り

二十歳の節目のプレゼント

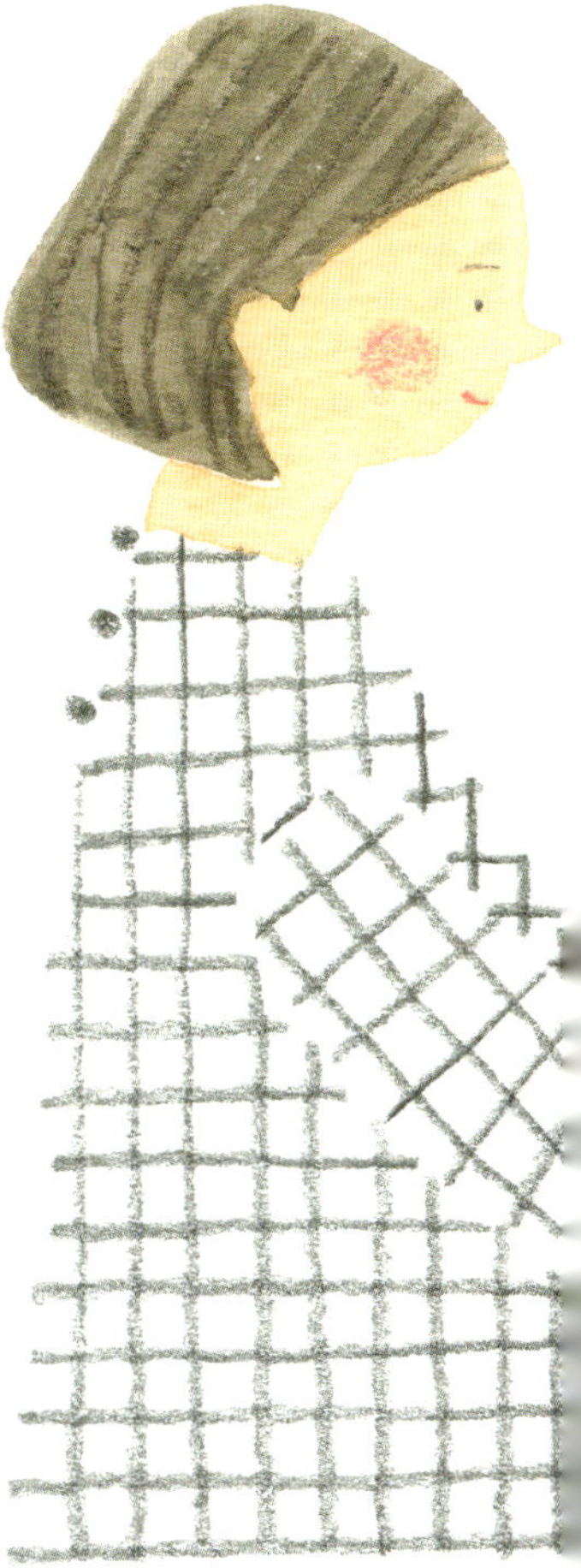

来年、娘は二十歳になります。まわりからも「いつも楽しそうだね」と言われるほど、人生を楽しむ才能を持ち合わせて成長してくれました。「二十歳の誕生日、何が欲しい？」と聞いてみたら、「永遠に残るもの、金属系！」という答えが返ってきました。金属系って、ジュエリーのことだよね（笑）？

ぼんやりとですが、私の母からジュエリーをひとつ譲り受け、今風で素敵にリフォームしてから贈るのもいいかなと考えています。世界でひとつのデザインになるし、親子三代がつながるプレゼントにできるかなと。心当たりは、夫婦でジュエリーブランドをされているRyui《リュイ》さん。リフォームも素敵にしてくださるブランドで、チェーンや爪が古いネックレスを私好みにデザインし直してもらったことがあります。

子どもが二十歳という節目は、親である私にとってもひとつの節目。私が「○○ちゃんのママ」と呼ばれる機会もなくなって、自分の名前に戻る時期でもあるのかなと思います。

まとめ▼▼▼これからやっと、生活の軸を自分に戻していけそうです

脱ママ＆家事ラクアイテム

料理や掃除は頑張りすぎず、ほどほどに。
日々の家事をラクにしてくれたアイテムを紹介します。

ミールキット

Oisix

20分以内で2品作れるレシピ付きキット。必要な材料が必要な分だけ入っていて、家族も作りたがるので大助かり。

和風だし

千代の一番 40包入2,160円

これだけで味がキマる出汁パック。普段にもおせちの煮物等にも。大きめのスーパーならたいてい置いてある。

グルメのたれ ハーフボトル（330g）

ヨシダ 950円

漬け込み系の料理が短時間かつこれだけでOK。唐揚げや照り焼きが簡単でおいしく作れます。コストコやウェブで購入。

マイクロファイバーぞうきん（±0select）

激落ちくん 2枚入540円

ふきんを天然素材にこだわらなくなってから乗りかえ。汚れがよく取れ、すぐにすすげば漂白要らず。グレーなのが○。

充電式クリーナ（CL182FDRFW）

Makita 37,600円

約1.5kgと大変軽く、充電式のコードレスなので掃除機がけの負担がぐんとダウン。ささっと掃除にぴったり。

タオル FLODALEN

IKEA ハンドタオル（50×100cm）999円

厚みがあって柔らかく、落ち着いた色なので水まわりが大人っぽく。バスタオルもわが家はこの色（ライラック）に統一。

クッションカバー CALEIDO

IDEE DALEIDO 40cm角 2,808円～

インテリアショップIDEEのオリジナルデザイン。くすんだ色味と上質な素材感なので色違いで並べても素敵。

27cm φ の木製皿

葉蘭や小鉢を使ったワンプレートごはんにちょうどいいサイズ。ひとりごはんの盛りつけも楽しくしてくれます。

収納ボックスTJENA

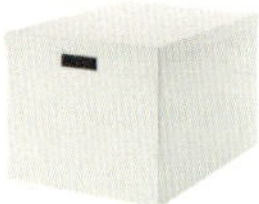

IKEA 35×50×30cm 990円

フタ付きの紙製収納ボックス。持ち手用の穴が開いているので移動も便利で、使わない時はたためる。白と黒の2色あり。

2 体

——新たな変化、新たな手入れ

洗顔は140円の石けんで

45歳を過ぎた頃から人工的な香料の匂いがますます苦手になりました。そのためスキンケアに使うアイテムはどんどんシンプルになっています。ストイックなまでにはこだわりませんが、なるべくなら無駄な成分が入っていないものを選びます。化粧水やオイルもそうですが、特に変わったのが洗顔料です。

過去には色々な機能に惹かれ、試したり使い分けたりもしましたが、今は1個140円のシャボン玉石けんだけを使っています。これに切り替えてからというもの、乾燥や湿疹などの肌トラブルが解消。とってもリーズナブルなのに、以前より潤いを感じるようになったのだから驚きです。ただし気をつけているのはよくすすぐこと。石けん成分が肌に残るとピンとつっぱった感じがします。

洗顔後まずはオイルをつけてから、そのあと化粧水をつけるようにしています。先にオイルをつけることで、肌が柔らかくなり化粧水がよく浸透する気がしてお気に入りです。また肌にザラつきがある時は、重曹を使って即席のスクラブ剤を作ります。重曹はスーパーなどで売っている食用のものが安心。掃除用のものより粒が小さい場合が多く、肌を優しくスクラブできます。手のひらに小さじ約1杯とったら、ハチミツ、ホホバオイルも同量混ぜ、気になる部分からくるくるとやさしくマッサージ。洗い流すと、一皮むけたようにツルツルです。

［おすすめ商品↓90ページ］

シンプル洗顔

この3つは
洗面台に置いて
スペシャルケアに
使います

成分がシンプルなシャボン玉浴用石けん
どこにでも売ってるのもウレシイ

肌がザラッとしたら重曹スクラブ

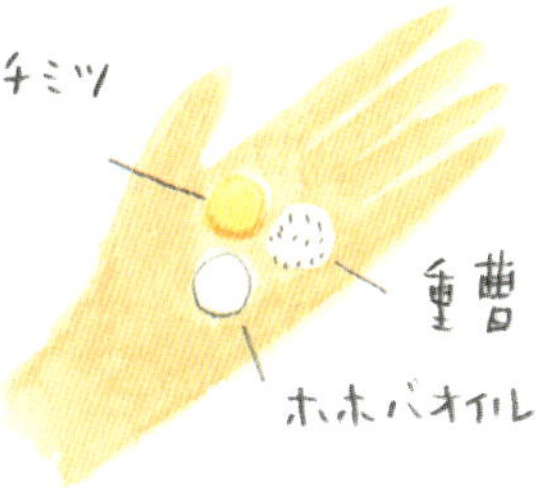

手のひらで
小さじ1ずつを
混ぜて顔を
やさしく
マッサージ。
洗い流すと
つるつる
モチモチに！

洗顔後はまずオイル

オイルをしみ込ませてから

化粧水をつけると

浸透力がいい！

まとめ▼▼▼純石けんに変えたら素肌快調。1個140円とコスパも◎

シャンプーやめました

子どもの頃から乾燥肌でしたが、40歳を過ぎてからどうも頭が痒いのです。鏡でよく見ると頭皮が剥がれるように大きなフケがありました。「これはひどい乾燥だ」と、オイルが良いと思ってホホバオイルでマッサージしたりもしたのですが、あまり成果なく生え際はカサカサ。いよいよ自分では治せないかもしれないと皮膚科に行くと、脂《し》漏性湿疹《ろうせいしっしん》との診断でした。加齢もひとつの原因で、皮膚科の先生曰く、皮膚が敏感になり、それまで使っていた化粧品や石けん類が合わなくなるのはよくあるそう。おでこの生え際などの頭皮が荒れて赤味を帯び、ポロポロと皮膚が剥がれる症状に悩む人が多いそうです。一見、乾燥して見えるの

使うのは
髪も頭皮も顔も同じ
シャボン玉浴用石けん

石けんシャンプーでの洗い方

1 シャンプー前に 髪と頭皮の汚れを浮かすためにブラッシング

最初の湯洗いで汚れの70%は落ちます

2 髪をシャワーで2分ほど湯洗いしてから 直接、髪に石けんをつけて泡立てる

に、脂が多いことが原因とは驚きました。
私の場合はそれが頭皮に出たわけで、それならシャンプーの見直しです。新たに使うことにしたのは、洗顔と同じ固形のシャボン石けん。どうしても泡立ちは弱いので、洗う前にブラシをかけたりお湯でしっかりめに流したりするのは必要ですが、今の私の肌に合っているのは折り紙付き。替えてから3週間後には頭皮の湿疹がすっかり消え、痒みもフケもなくなりました。
毛穴を詰まらせないように十分すすぐこともポイントです。指通りが悪ければリンスを少量つけるとスムーズに。また、乾きが不十分だと脂っぽくなったり頭皮にカビが生える原因にもなるので、根本からきちんと乾かすのも大事です。

【おすすめ商品↓90ページ】

まとめ▼▼▼洗髪もシャボン玉石けんに替えたら、頭皮トラブルが消えました

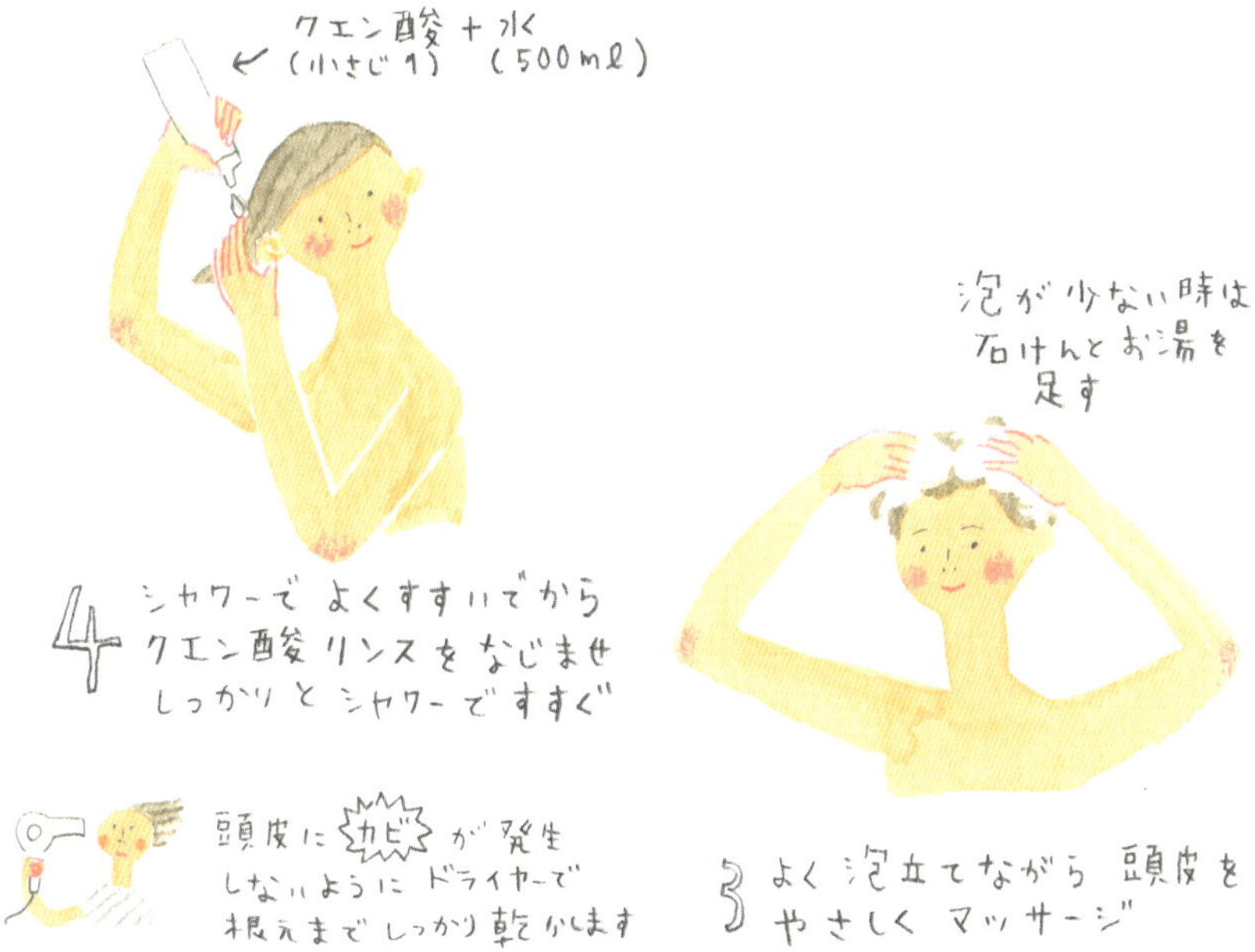
クエン酸＋水
(小さじ1) (500ml)
4 シャワーでよくすすいでから クエン酸リンスをなじませ しっかりとシャワーですすぐ
泡が少ない時は 石けんとお湯を 足す
3 よく泡立てながら頭皮を やさしくマッサージ
頭皮にカビが発生 しないようにドライヤーで 根元までしっかり乾かします

脱ダメージの白髪染め

30代後半から白髪が出はじめてはいたのですが、全体の半分になるほど急激に増えたのは45歳を過ぎてから。ありのままのグレイヘアを受け入れる覚悟はまだできず、今のところ白髪染めはやめられません。とはいえ髪へのダメージも見過ごせず、細くうねったり、スカスカなほど毛量が減ってきたのを見ると、何か方法を変えるべきなんだろうと悩んでいました。そんなとき再会したのが、南青山のヘアサロン「KAMIDOKO」のスタッフ酒井雅代さん。私の髪を見て一言、「見たらわかる。ひどいね」と、状況を察してくれました。酒井さんは私と同い年ですが、白髪もほとんどな

ヘナの塗り方
ヘアダイブラシが塗りやすい
地肌についてもしみないので安心
オーガニックハーブR
100g 1200円
ヘナにぬるま湯を混ぜる(マヨネーズよりゆるいくらい)
1 分け目ごとに直接頭皮に塗っていきます。頭皮全体に塗れたら毛先まで塗ります

いツヤツヤのロングヘアです。秘訣を聞くと「一週間に一度、ヘナで染めているおかげ」とのこと。私も翌日から早速ヘナを試すことにしました。

まず気に入ったのは安心素材だということです。今まで使っていたケミカルなヘアダイは、地肌や服につかないよう気をつけなければなりませんでしたが、植物由来のヘナは地肌についてもしみないし服についても洗えば落ちるので安心。おかげで大ざっぱな性格の私でも塗るのが簡単です。

3ヶ月ほど続けてみると、髪のダメージが減り、コシが出てきた実感が。これからは強力な薬剤の白髪染めを断ち、ヘナで健康的な髪を保って維持していこうと思っています。【おすすめ商品→90ページ】

まとめ▼▼▼白髪染めをヘナに替えたら、髪が傷みにくくなりました

もし肌についても
洗えば
落ちます

3 お湯でしっかり洗い流す
※このとき石けんは使わない

2 シャワーキャップをして
1時間おきます

週に一度、3カ月続けてみたら…

以前は
できなかった
編み込み

- 頭皮のかゆみ、抜け毛が減った
- 根元がきれいに染まるので編み込みやアップスタイルが楽しめるようになった

ややこしくなる視力

遠くは見えるのに近くのものがぼやけるとか、近くは見えるのに遠くがぼやけるとか、どんどんややこしくなる視力。メガネをひょいと頭にのせて新聞に顔を近づけ読むおばあさんの気持ち、今は身をもって納得です。

家族が寝たあと映画を観るのがささやかな幸せなのですが、その方法も変えるようになりました。以前はどこでも観られるスマホやタブレットが好きで字幕も小さな画面で見ていたし、部屋も暗いほうが雰囲気が出るので、あえて照明を落としたりしていました。でもこうしたデバイスのブルーライトが、目に負担をかけるのは事実のよう。とくに画面と目の距離は注意したいポイントで、た

とえば2メートルのときと20センチのときを比べると、その影響は百倍近くも変わるそうです。確かに、ちょっとした調べもののつもりでも、スマホに目を近づけすぎていると、顔を上げた瞬間に視界がモヤッとぼやけます。涙を減らす作用もあるせいか、長時間のパソコン作業では目が乾いて真っ赤になることも。

以来、映画はスマホの小さな画面ではなく、テレビで離れて見るように、またパソコン作業は1時間続けたら15分の休憩をはさむなど、時間に気をつけるようにしています。若い頃には、存在すらなかったスマホが今ではなくてはならない相棒です。長く仲良く付き合っていくために適度な距離を守っていこうと思います。

スマホのアプリを
アップルテレビで
テレビに飛ばし、
画面から離れて
ゆったり見ます
2m

まとめ▼▼▼スマホやテレビ、まったくナシにはできないから、時間と距離に気をつける

歯茎に合わせたオーラルグッズ

歳を重ねるとともに歯茎が痩せてきたことも気になる変化のひとつです。見てすぐわかるほどではないけれど、食後は化粧室で歯の隙間をチェックするようになりました。

日頃のケアで手放せなくなったのがフロスです。お気に入りはデンテックの「フロスピック」。糸がなめらかなので歯茎に当たっても痛くないし、糸巻き状でなく、持ち手の付いたホルダータイプなので使いやすい。前歯用と奥歯用で持ち手の形が違う別々の商品があり、それぞれ使い分けるとよりスムーズに磨けます。動かし方は、ゆっくりと小さくノコギリを引くような感覚で。左右両方の歯に沿わせてこすったら、出すときも小刻みに動かしながら取り出します。「歯ブラシだけでは汚れの6割しか落ちない」と歯科で聞いたことがありますが、こうしてフロスを併用すると、8割以上の歯垢が除去できるという研究結果もあるそうです。

歯ブラシも歯科推薦の「Ciメディカル」に替えてから、少ない力で磨けるようになりました。歯肉を傷つけなくなったのか、不要な出血も減りました。リーズナブルなので、まめに買い替えられるのも嬉しい。オーラルグッズが使いやすいと、いつも丁寧に磨きたくなり、虫歯や歯肉炎も減りました。これからもごはんを美味しく味わうために、歯は若い頃より念入りにケアしていきたいです。

[おすすめ商品→90ページ]

まとめ▼▼▼痩せてきた歯茎で気になる歯間。柄付きフロスがおすすめです

DenTekの
フロスピックをガラス瓶
に入れて洗面台に
前歯用
奥歯用
90本入
¥600
75本入
¥600
Ciメディカル
700は25本で
¥1731
先端が
極細で
磨きやすいので
楽天で
大量購入
しています

早めの対処で無理を溜めない

だましだまし頑張れば気だけはある程度もつものの、肉体のほうはそうもいかなくなってきました。「大丈夫、大丈夫、まだ頑張れる」なんて思いこまず、シグナルが出たら早めに対処するようにしています。

たとえば、寝ている時に足がつるのは、たいてい運動不足のサイン。基礎代謝が落ちているせいか、意識的に筋肉を動かさないと体が必要とする運動量が足りなくなるようです。また「もうすこしできそう」と思っても、頭や肩にだるさがあればと無理せず休むようにしています。おかげで風邪も滅多にひかず、突然高熱を出すようなオーバ

ーヒートもなくなりました。

こんなふうに早めの対処ができるようになったのは、とても悲しいことがあって、誰とも喋らず一人きりで落ち込んだ経験がきっかけです。時が止まったように心は深く沈んでいるのに、体はうらはら、おなかがグーと鳴ったのです。こんなに悲しい時でもおなかは減るんだ、私の体は止まっていなくて、今、栄養を欲しているんだと驚きました。すこし食事を摂ってみると、悲しい事実は変わらなくても体には力が湧いてきて、暗い気持ちにもどこか出口が見えました。以来、精神状態がネガティブな時ほど、心でなく体から働きかけるようにしています。体を良くすると心も良い方へ引っぱっていける力がありそうです。

まとめ▼▼▼「病は気から」とは限らない。気が弱った時は、体のほうから早めに対処

十年ぶりの健康診断

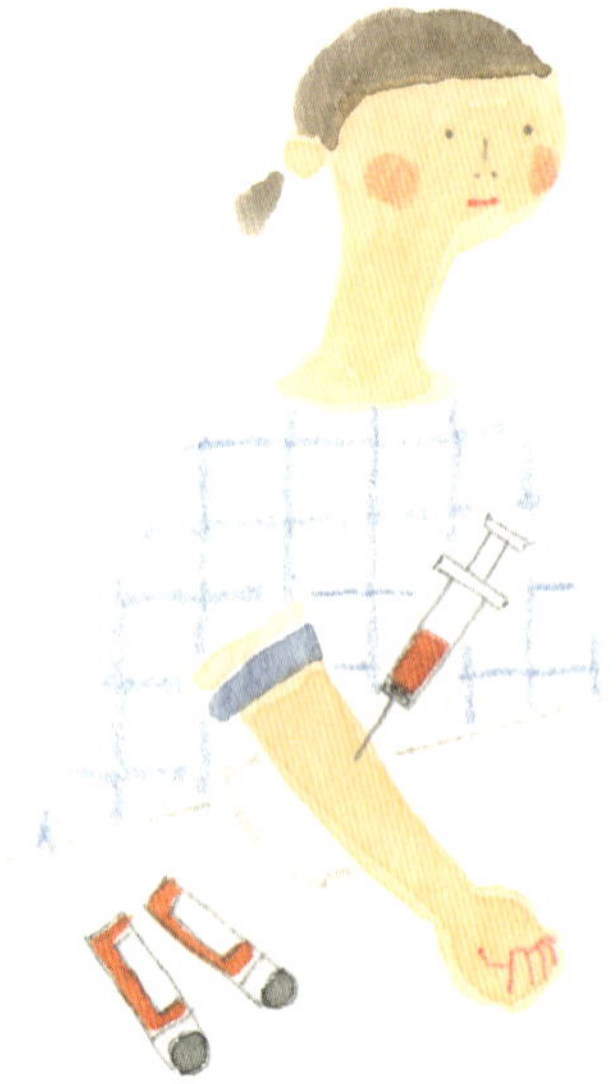

ただただ面倒くさいという理由で、十年近く健康診断を受けていませんでした。しかし自覚症状があったのは貧血です。もう何年も前から氷をガリガリ食べたくなる「氷食症」で、これは体内の鉄不足による異食症のひとつといわれています。私の場合、子宮筋腫による月経過多があり、ボール一杯もの氷を食べてしまう日もありました。体に悪いとわかっていても美味しいと感じるのだから止められない。でもさすがにもうなんとかしなきゃと、区の特定健診を受けました。

結果は案の定、ヘモグロビン値が正常値の約半分で、鉄欠乏性貧血と診断されました。鉄の錠剤を処方してもらったら、これが一週間続けただけで効果てきめん。あれだけ美味しかった氷が、ただの冷たくて硬いものとしか感じられなくなったのです。味覚も変わり、以前はカルキの味なんてまったくしなかった氷や水も、今ははっきりわかるようになりました。寝つきの悪さも貧血が原因

のひとつでしたが、鉄剤を飲んでから改善し、睡眠が深くなり、日中も体がラクになりました。
健診は、自分の体を数値で知ることができます。すぐ対処しなければならない部分がわかるので、これからは毎年受けて健康管理に役立てたいです。

分かったのは
貧血！

ヘモグロビン値6.1と
標準値の半分でした

鉄剤を飲んですぐ
氷を食べるのも やめられ
体もすごく楽になって
びっくりです

まとめ▼▼▼早く知れば、そのぶん早く対処できる。健診はサボらず受けましょう

疲れやストレスを呼吸で吐き出す

仕事や家事をしているとき、ふと気がつくと浅い呼吸しかしていないことはありませんか？　集中してぐっと息を止めていたり、吐いている実感がなかったり。深い呼吸って、意識しないとなかなかできていないものですね。しかし逆にいうと、意識さえすればいつでもどこでもできるもの。疲れたり悩んだり、わけもなくモヤモヤした気分に襲われた時、道具要らずでできるので、知っておくととても便利です。

おすすめは、胸(肺)ではなくおなかを膨らませるような腹式呼吸。慣れないうちは、おへその両側に手を当ててみるとわかりやすいです。息の長

腹式呼吸法	効果 >>> 血液循環率UP、リラックス 内臓のマッサージにも

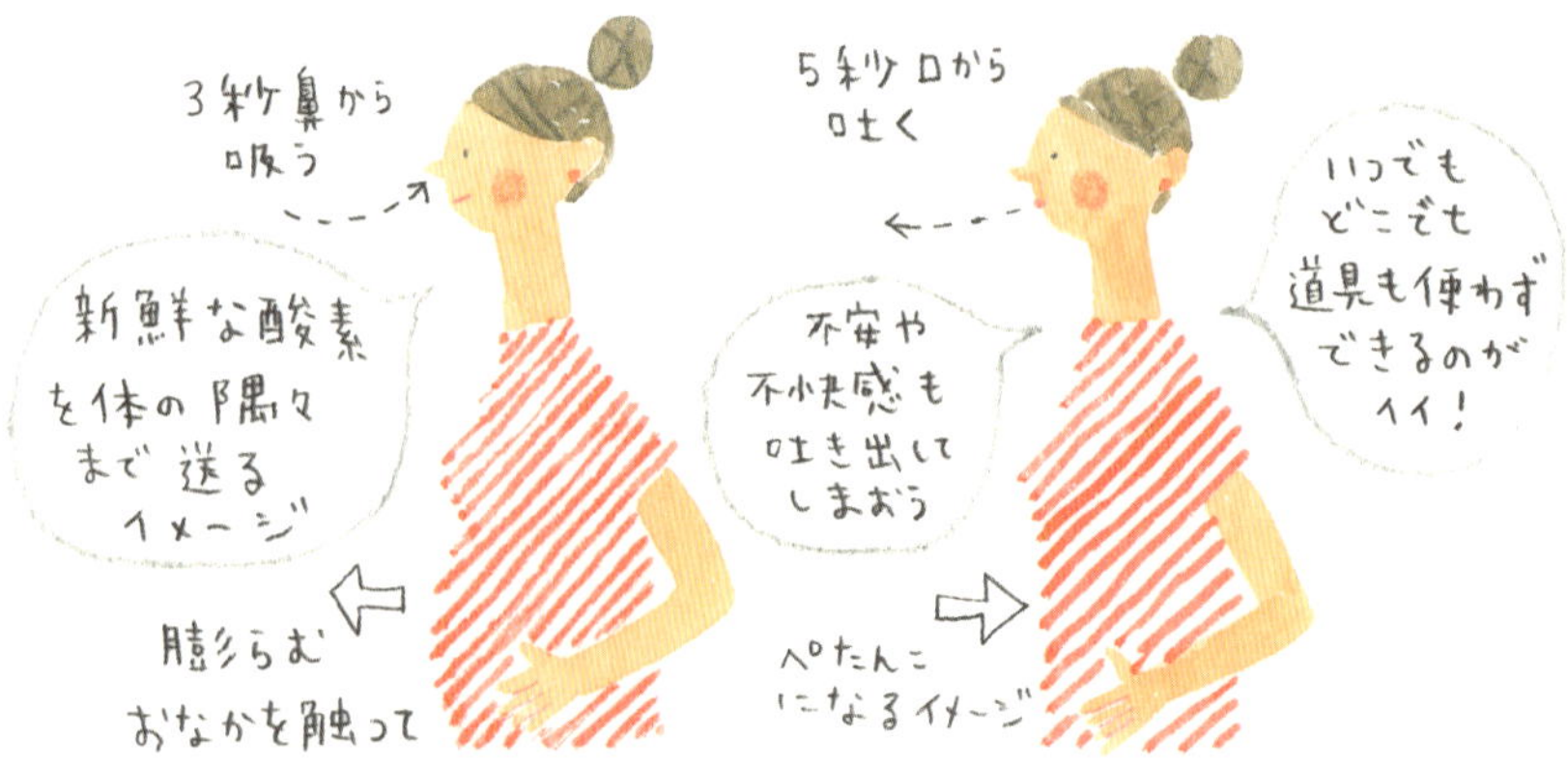

2
3秒鼻から吸う

1
5秒口から吐く

さは無理のない秒数で構いませんが、私はだいたい3秒吸って、5秒吐くのを目安にしています。2、3回繰り返すだけでも体の隅まで酸素が行き渡るようで、心が整い気持ちいいです。

とくに効果的なのが、やらなくてはいけないことがたくさんあるのに集中力が出ない時。深い呼吸をゆっくりすると、心が徐々に安定し、優先順位が冷静に判断できるようになってきます。気持ちも前向きに切り替わり、後回しにしていたことも「さ、やってしまおう」と頑張れます。山や海、神社など空気のきれいな場所へ行くと心身が洗われた気分になりますが、日常のなかでの深呼吸は同じような効果があるのかもしれません。

片鼻交互呼吸法　効果 >>> 脳への酸素量が増え 集中力がUP

心が落ちつくまで続けて
呼吸は1日に2万回行われているそう

1
背筋を整え、呼吸がよく通る姿勢で深呼吸。両鼻で大きく息を吸い、全部吐ききる

2
吐ききったまま両鼻をつまんだら、右鼻の人差し指を離し、☆秒かけて吸い、☆秒かかけて吐く

3
人差し指を戻し、今度は左鼻を押さえていた親指を離す。2と同様に各☆秒で呼吸。これを最低X回続ける

まとめ▼▼▼体内の空気を入れ替えるようにじっくり呼吸。頭も心もスッキリします

ホットヨガのススメ

45歳を過ぎた頃から、体が端っこからじわじわと乾燥していくような、使っていない筋が固まっていくような危機感をおぼえるようになりました。化粧品や即席マッサージだけでは間に合わず、とはいえ激しいエクササイズは苦手。クリニックに通うような美容医療もなかなかハードルが高いです。

そんな私が続いている（しかも楽しい）のが、ホットヨガ。室内がサウナのように温かいので、常温のヨガよりも動きの易しいクラスが多く、ストレッチ程度の運動量でもたっぷり汗をかけるのが魅力です。全身の筋肉も、空気が温められた部屋の中だと想像以上にゆるむもの。呼吸に意識を集中するとお腹が風船のように大きく膨らむ、手を上に伸ばすと右の腰がピリッとする、手の甲の毛穴からも汗が出る……！　もう二十年近くまったく運動をしてこなかったので、体がどう動くか、どう動かないかすら忘れてしまっていたようで、「そんなところにこんなに伸ばせる筋があったのかい！」と毎回気づかせてもらっています。

レッスンは1時間弱ですが、大量の汗をかくので体じゅうから要らないものが流れ出たようで爽快。終わると生まれ変わったように、気持ちまで前向きに変わっています。体を動かすのがご無沙汰の方、運動嫌いでしばらく汗をかいてないなという方にぜひおすすめです。

［おすすめ商品→90ページ］

まとめ▼▼▼動きの難易度は低いのに、しっかり汗をかけるのがホットヨガのいいところ

「身長マイナス100」を体重の目安に

歳を重ねるとともに丸くなっていく体。30代までは50キロの大台に乗ったことなどなかったのに40代になってからは40キロ台に戻ったことがありません。私は身長が153センチ。「身長マイナス100」の体重（私の場合53キロ）までは許そうと思っていたのに、とうとうその線を越えることにも慣れてきてしまったよう。あー、このままではいかん、おばちゃんらしいおばちゃん体型になってはいかんと、きちんと続けられるダイエットを決意しました。

まずは今の体型を自覚することからスタート。ホットヨガもその一環です。運動して代謝を上げるのも目的ですが、健康的に引き締まったほかの生徒さんと一緒に鏡に映るだけでもとてつもない刺激を受けられます。

今のところ、1ヶ月でマイナス2キロの減量に成功中！　運動と合わせて食も見直し、間食はできるだけしない、夕飯だけはごはんを納豆か豆腐に替えるなどダイエット風の食事に切り替えました。ただ、いつもはこうした努力をしても、挫折するのがオチでした。とくにキツイのが初日。そこで今回は、初日をスムーズに切り抜けるため「甘酒断食（左頁）」を試してみました。するとはそのままに、しかしおなかはスッキリ軽くなって、翌日以降も控えめな食事をキープすることができました。

「脱・三日坊主の7か条」を手帳に書いておいた

初日だけ　甘酒断食

RULE

- 朝、昼、晩一杯（300ml）ずつの自家製甘酒のみで過ごす
- 豆乳やフルーツなどアレンジはOK
- 水は飲みたいだけOK

ダイエットの初日だけ3食を甘酒に置きかえ
153cm
［体重－100］kgを超えたらはじめます
甘酒はジャパニーズヨーグルトと呼ばれるくらい栄養価が高い

材料（出来上がり量1ℓ）
米1合、水800cc、麹200g

作り方
1. 米1合分のごはんを炊き、水を注いでおかゆをつくる。できたら55℃まで冷ます
2. 冷めたら麹をパラパラほぐして混ぜる。55℃に保ちながら、時々かき混ぜ6～8時間おくと出来上がり。そのまま食べてもおいしいが、好みの濃さに薄めるとより飲みやすい

温度の保ち方
私はルクルーゼ鍋を使い、おかゆができたら蓋をし綿入り風呂敷で包んでいます。3時間ほど経つと55℃以下に冷めてくるので、再び火にかけ55℃まで温め、また風呂敷で保温します

甘酒アレンジ

しょうが汁と割る
豆乳と割る
青汁と割る
フルーツにかける

のもいい意識付けになりました。くじけそうになった時、自分で決めた項目を見返すとモチベーションを保てます。大人のダイエットなので無理は禁物ですが、理想の体重まで戻せたら、45年間埋もれていた鎖骨にも会えるのではないかと期待しています。

［おすすめ商品→90ページ］

脱・三日坊主の7か条

1. 毎朝 体重を測って グラフに記す
2. 一日 2リットルの水を こまめに飲む
3. 週に3度 8000歩歩く
4. 平日のお酒は我慢
5. 夜ごはんは お米の代わりに納豆か豆腐
6. 半身浴で たっぷり汗をかく
7. 夜11時には布団に入る

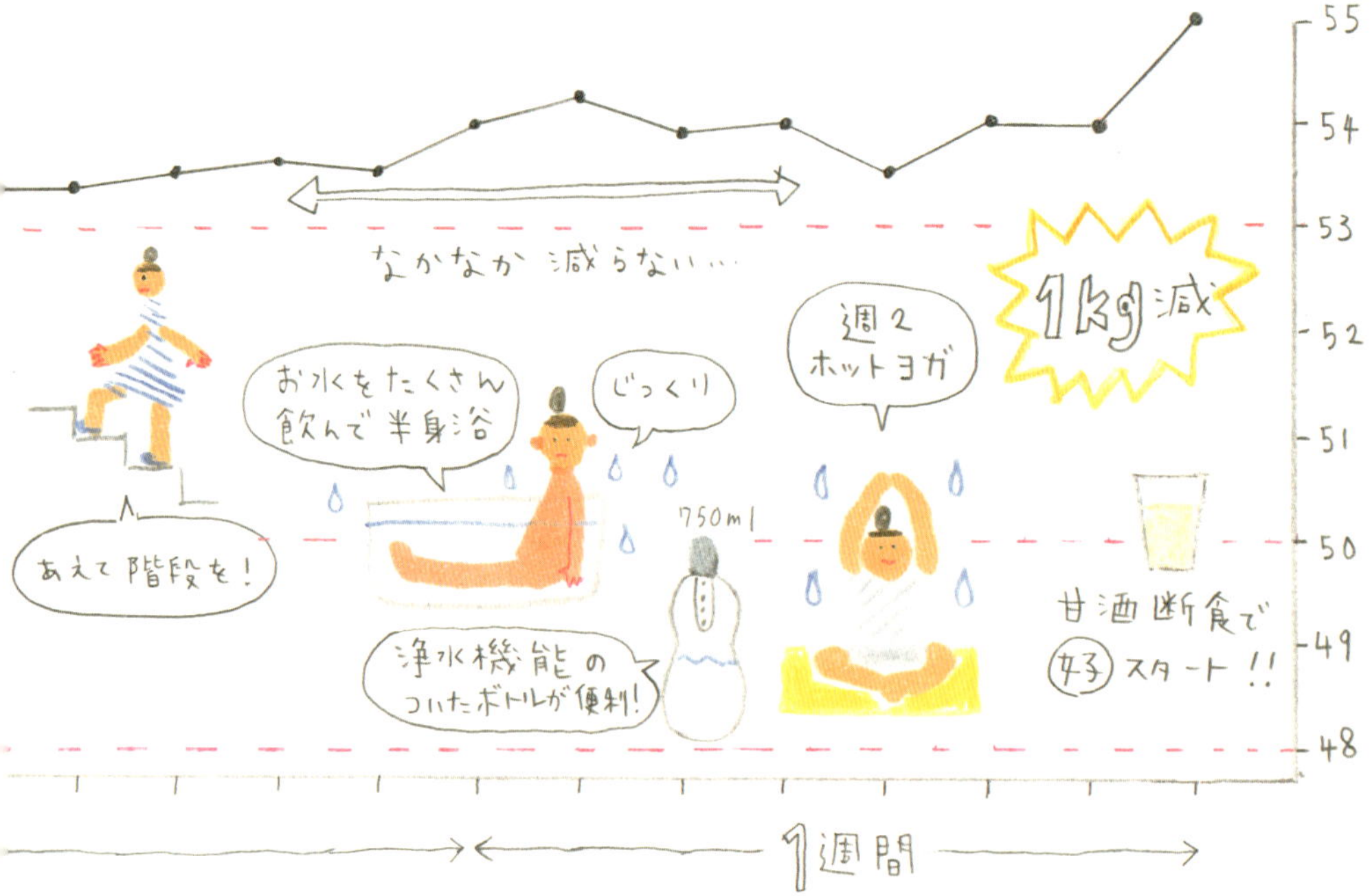

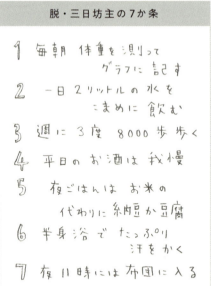

らくちん

めぐりを良くする おすすめストレッチグッズ

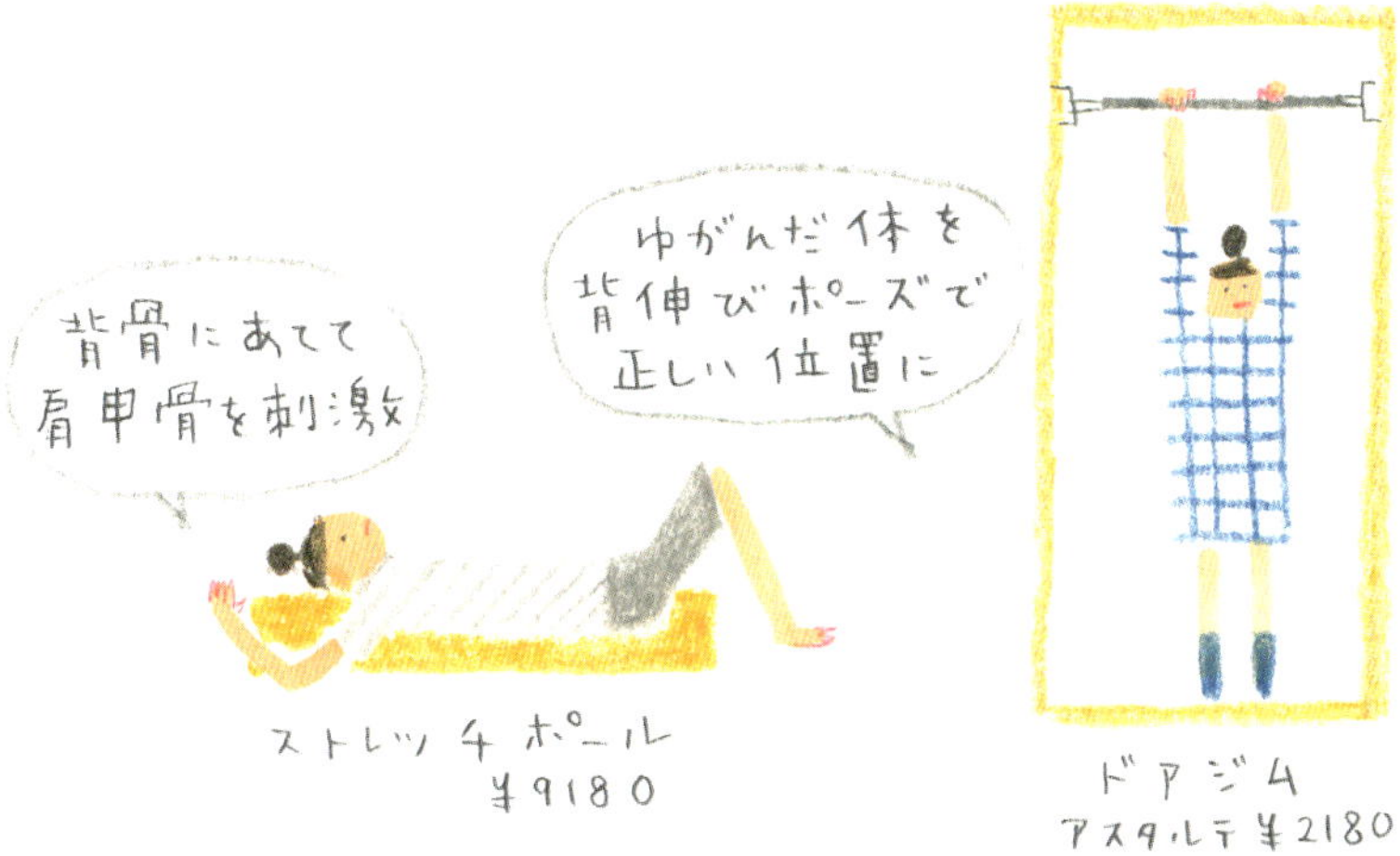

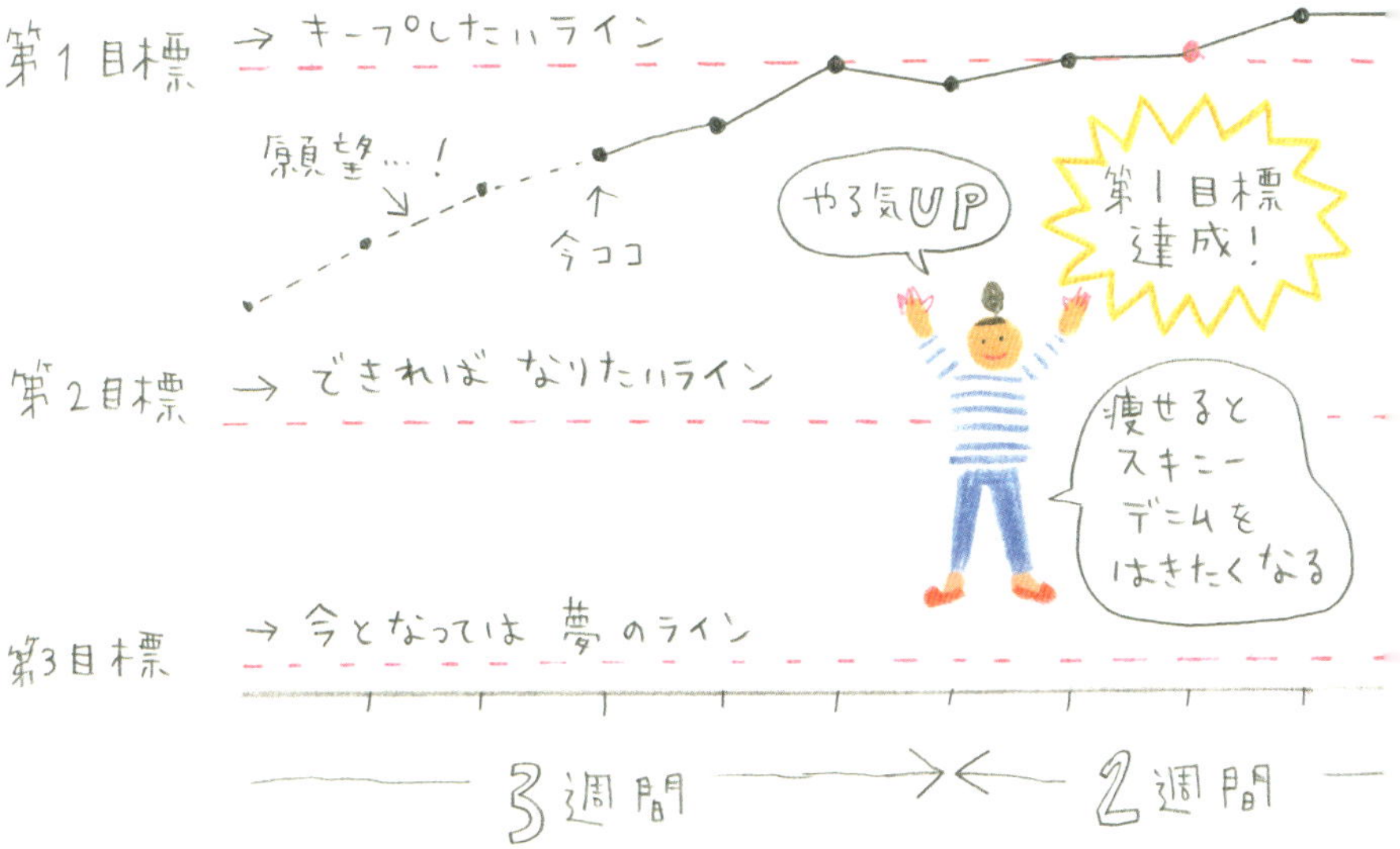

まとめ▼▼▼成果が出にくい大人ダイエット。ツラい初日をいかに切り抜けるかがコツ

混ぜるだけで簡単
癒しのアロマバーム

ボディケアとリラックスを兼ね長年愛用しているのが精油です。精油は100グラム作るのにラベンダーなら花穂10〜20キロ、薔薇なら300〜500キロもの花を要とするほど純度が高く、それだけに香りも純粋。ちょっと嗅ぐだけでも体のコリがほどけていくように癒されます。

最近は専門店も増えましたが、値段が高めだったりアイテム数が少なかったり。そこで私は、インターネットで手頃な価格のオイルを買って、使いやすいバームに加工し使っています。よく利用するサイトは「iHerb《アイハーブ》」。必要な素材（シアバターや蜜蝋）がすべて揃っているし、珍しい香りにも出会えるのでお気に入り。バームにすると精油のままより香りが和らぐこともあり、わが家の思春期ボーイもお気に入りです。私はとくに疲れた日や安らぎたい日、このバームを塗って布団に入るとぐっすりとよく眠れます。

こんなところに使えます

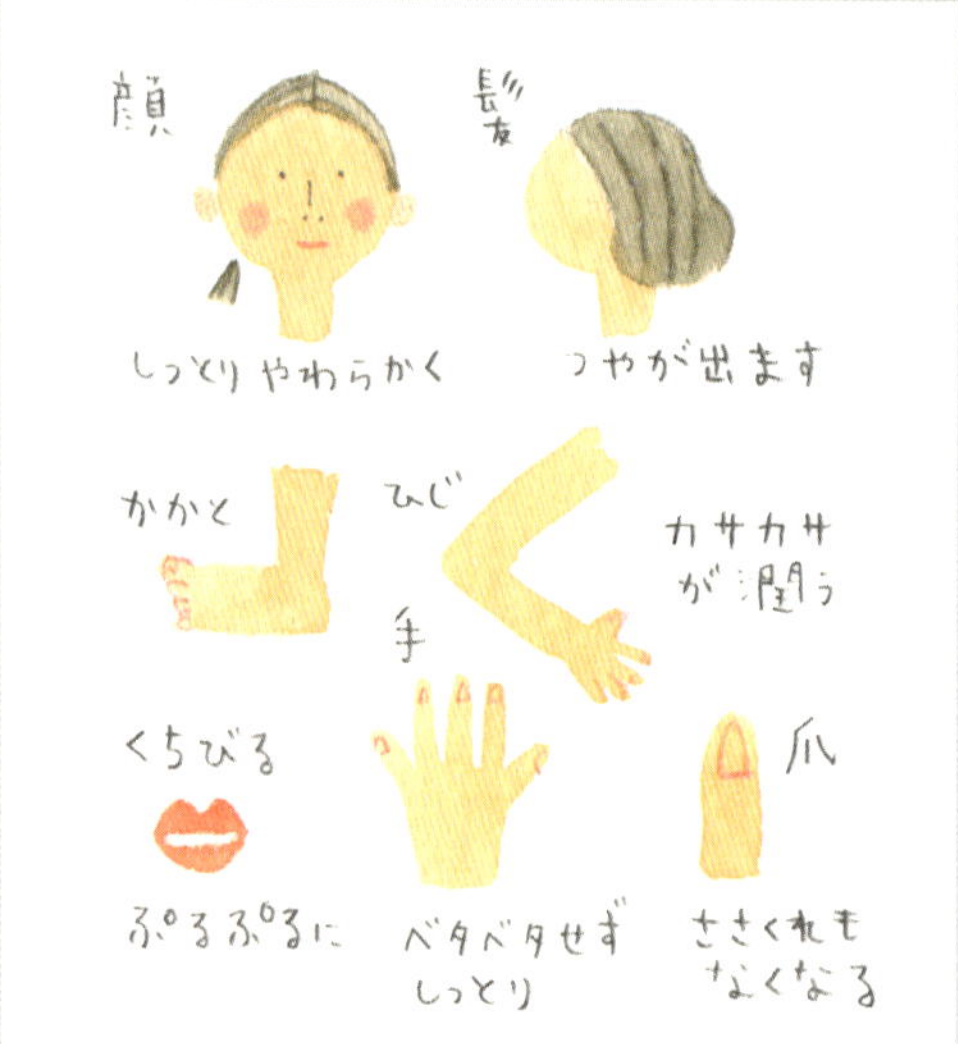
顔
しっとりやわらかく
髪
つやが出ます
かかと
ひじ
カサカサが潤う
手
くちびる
ぷるぷるに
ベタベタせず
しっとり
爪
ささくれもなくなる

まとめ▼▼▼手作りなら簡単&リーズナブルに、純度の高いアロマグッズが作れます

万能バームは混ぜるだけで完成

家で使う分は
遮光瓶に
↓
オイルや精油の
劣化スピードを下げます

持ち歩き用は
軽いアルミ缶に

材料
シアバター
ホホバオイル
ビタミンEオイル
蜜蝋（以上は大さじ1）
お好みの精油…10滴

作り方
1. シアバターと蜜蝋を耐熱容器に入れ、電子レンジ500wではじめ1分、後は様子を見ながら10秒ずつ加熱
2. 完全に溶けたらホホバオイル、ビタミンEオイル、精油を混ぜ、保存容器に入れて冷ます

材料は
iHerbで買いました

iHerb
健康食品やサプリなど海外直輸入サイト。日本の店舗では買えない商品も多数揃う
https://jp.iherb.com/

血行を良くする
ビタミンEオイルは
酸化防止の役目も

呪文を唱えて血行促進

ヨガでは、レッスンの最初や最後に「マントラ」と呼ばれる言葉を唱えることがあります。祈りや賛歌のようなものなのですが、私もホットヨガに通って耳が慣れてきた頃から、「こうなるといいな」という思いを心の中で唱えるクセがつきました。たとえば「足の間から頭の先まで一直線に〜」、「天井から糸で吊られているかのように背筋をまっすぐ〜」、「自分の体を労って心地の良いレベルで新呼吸〜」という調子。同じ姿勢を続けて血流が悪くなってきたと感じた時に唱えると、カチンコチンに固まった体がじわじわ気持ちよく伸びるのです。

言葉の魔法ってあるかも！　と思った私は、呪文を唱えることで脳を騙し、体の隅々まで血が巡るといいな、毛細血管を元気にしてくれたらいいなと、ちょっとした合間に続けています。顔や首筋、鎖骨の周りのオイルマッサージしながら「リンパよ流れろ〜」、頭皮を揉みながら「白髪よ、黒くなれ〜」、タプタプの二の腕をさすりながら「脂肪よ溶けて流れろ〜」と、言葉の力よ、染み込んでゆけ〜と願いながら続けています。

血の巡りをよくすることは、あらゆるアンチエイジングにつながります。たとえ80歳でも自然治癒力がある限りは効果があるそうなので、言葉の力を借りながら自分にはっぱをかけていきたいです。

1 小さな 丸いものを
イメージします

2 心の中で言葉を唱えながら
この丸いものを体中に動かすイメージをします

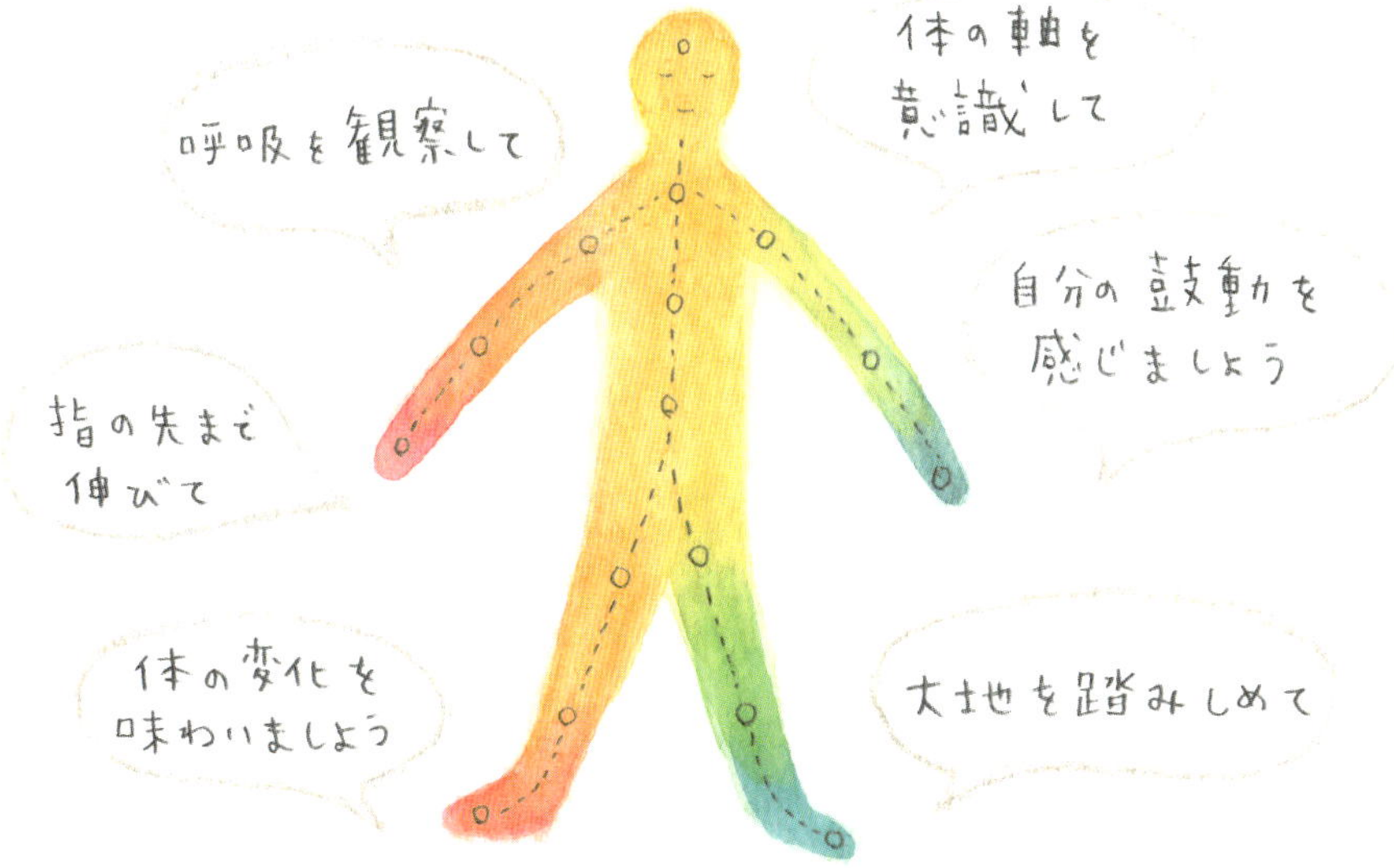

まとめ▼▼▼「効きそう」と信じて続けることで、脳を騙して若返る（かも）

体の不調改善アイテム

ケミカルから自然派へ乗りかえたり、
使うのが気持ちいいグッズを新たに取り入れたりしています。

シャボン玉浴用

シャボン玉石けん 100g 140円

顔はもちろん、髪、体と全身使える固形石けん。よく泡立て、よくすすぐことが気持ちよく使うポイント。

無添加せっけんシャンプー専用リンス

シャボン玉石けん 1,026円

シャボン玉浴用石けんでの洗髪後、このリンスを使うとごわつきが緩和され、指通りが良く。クエン酸＋水で手製も可能。

オーガニックハーブR（100g）

エコロジーショップ 1,296円

有機栽培のヘナ染料。ぬるま湯に溶いて白髪染めに。これはオレンジ系なので、同商品Bを重ね染めしています。

フロスピック（コンプリートクリーン Y字型）

DenTek 75本入 600円

持ち手がY字になっている奥歯用。糸巻きタイプに比べて使いやすく、価格も手頃。糸が滑らかなので歯茎にも安心。

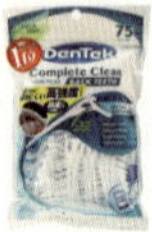

Ci 700

Ciメディカル 10本 1,400円前後

歯科推薦ブランドで、極薄ヘッドと超先細毛で隅々まで磨きやすい。ネットでまとめ買いしてストックしています。

ウォーターボブル

Bobble 590mℓ 2,592円

浄水機能付きの水筒。水道水をそのまま入れると、飲み口のフィルターで浄水される仕組み。ヨガの時に持参します。

ストレッチポール®EX

LPN 9,180円

この上に背骨を沿わせて寝るだけで、背中や肩まわりがストレッチ。ヨガだけでなく、家でも気持ちよく使っています。

ドアジム

ASTARTE 2,380円

ドア枠に簡単に取り付けられ、掴んでぶらさがるだけで肩凝りや猫背解消効果が。1日1回を習慣にしています。

ビタミンEオイル*

Sundown Naturals 75mℓ 900円前後

肌に潤いを与える高濃度オイル。クリーム等に少量混ぜて使っています。唇等デリケートな部位には使用注意。

*海外直販サイト取扱い商品のため、安全性等については各自ご確認下さい。

3

衣

——

これからのおしゃれと身だしなみ

行き着いた服選びの二原則

45歳を過ぎてからついたお肉のせいで、今まで着ていた服が苦しい私。ついついラクな服を選ぶことが増えました。

ラクな服が悪いわけではありませんが、おしゃれを楽しめていないことは問題。テキトウな服で済ます日が続くと、気持ちまで下向きになっていきます。そこで、「ここが好き」と言えるポイントのない服や、最近出てきたお腹周りが目立つ服は思いきって断捨離しました。「痩せれば着られるかも」と思って着られない服を寝かせておくより、今の自分がときめく服だけクローゼットに並べたほうが、服選びが楽しくなるものです。

残す服の基準は二点のみ。ひとつ、自分らしさを感じる「こだわり」があるデザインであること。ふたつ、体型をカバーしてくれることです。この「こだわり」というのがポイントで、ほかにはちょっとないような形や色、刺繍など手仕事によるひと工夫ある服が該当します。

最近新調するなかでお気に入りのブランドは、ＥＮＦＯＬＤ《エンフォルド》です。細部のカッティングが個性的で、そのおかげか着ると体型が美しくカバーされ、友人からも「今日の服、なんだかいいね」と褒められます。丸一日着ても着疲れせず、肩もおなかもストレスを感じず過ごせるのがいいところ。同じ色なら別々に買ったシャツとパンツは合わせるとセットアップのようにかっちりした印象になり、打ち合わせなどに重宝しています。

まとめ▼▼▼目で見て感じる「こだわり」と、着てわかる「ラク」を両立した服を

直線を意識し、すっきり見せる

試着室の鏡に映った自分はふっくら、まるでおにぎりのよう……。現実に向き合い、考えました。私、どんな服ならすこしでもスッキリ見えるんだろう？

ひとつの答えが、ふわっとやわらかい素材やシルエットは避け、パリッとした素材、直線的なデザインを選ぶことです。たとえばロングブラウスを選ぶ時は、裾が広がるAラインより、細長く長く見えるIライン。

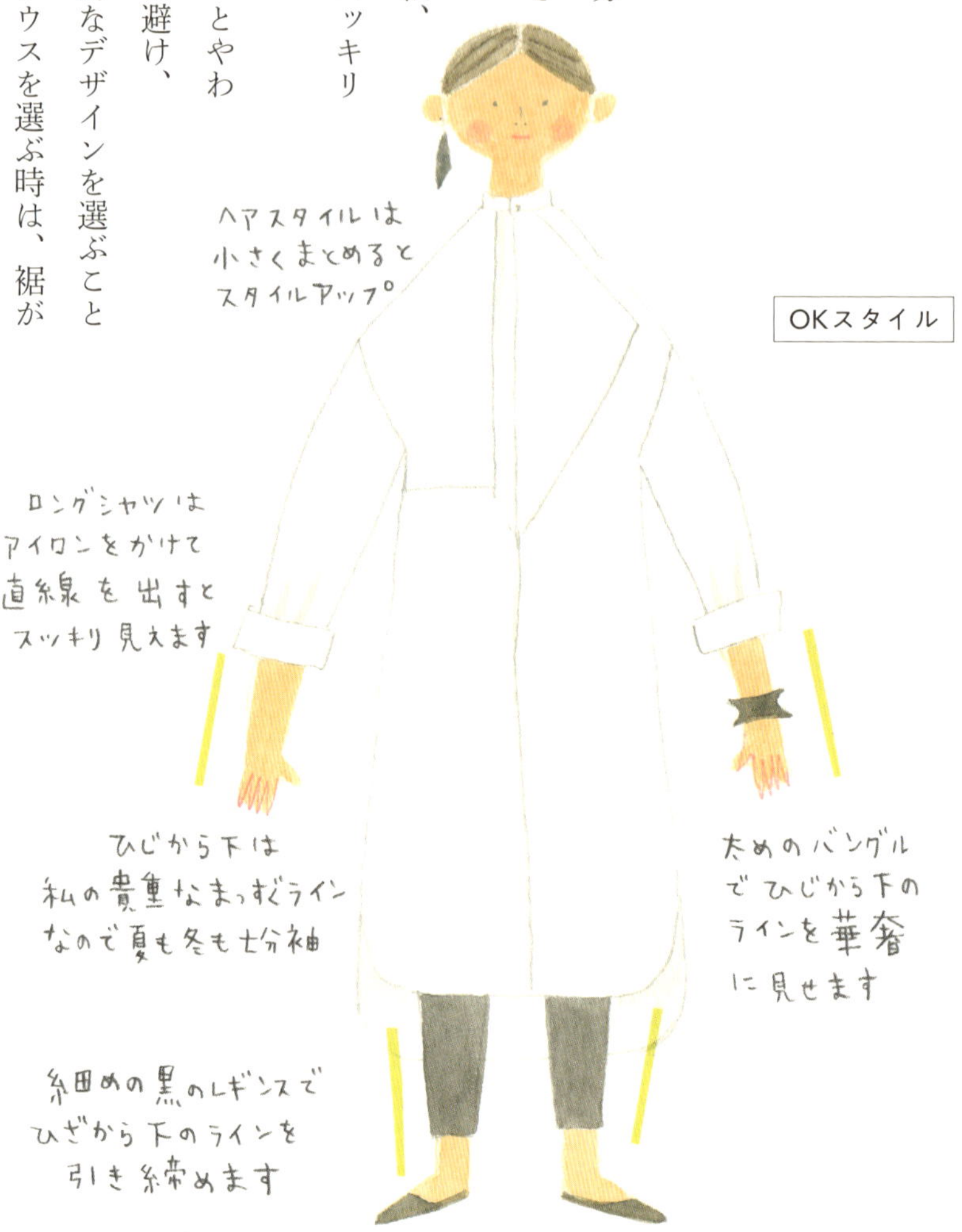

OKスタイル
ヘアスタイルは小さくまとめるとスタイルアップ
ロングシャツはアイロンをかけて直線を出すとスッキリ見えます
ひじから下は私の貴重なまっすぐラインなので夏も冬も七分袖
太めのバングルでひじから下のラインを華奢に見せます
細めの黒のレギンスでひざから下のラインを引き締めます

細身である必要はないのですが、見ためにゆるゆる、だぼっとしていると、心地良さだけを身にまとった「だらっとしたおばさん」になりがちです。また、同じ服でも洗いざらしのシワシワではなく、アイロンをかけてピシッと直線を際立たせると、それだけでも引き締まって見えます。

もうひとつは、体のまっすぐな部分だけ見せること。たとえば首や腕先、ふくらはぎから足首までの部分。ここはお肉が少なく直線的なラインなので、あえて出した方がスッキリ見えます。同じトップスでも、長袖を全部おろした時と10cmほど腕まくりをした時では、後者のほうがほっそり軽やかに。さらに太めのバングルをつけるのが、腕を華奢に見せる秘策です。足も甲を出す方が女性らしくなり、足長効果もあるようです。

NGスタイル

ゆるっとしたシルエットのロングブラウスは太って見えます
まっすぐラインを隠すとダボっと丸い印象に

出した方がスッキリ見える「まっすぐライン」

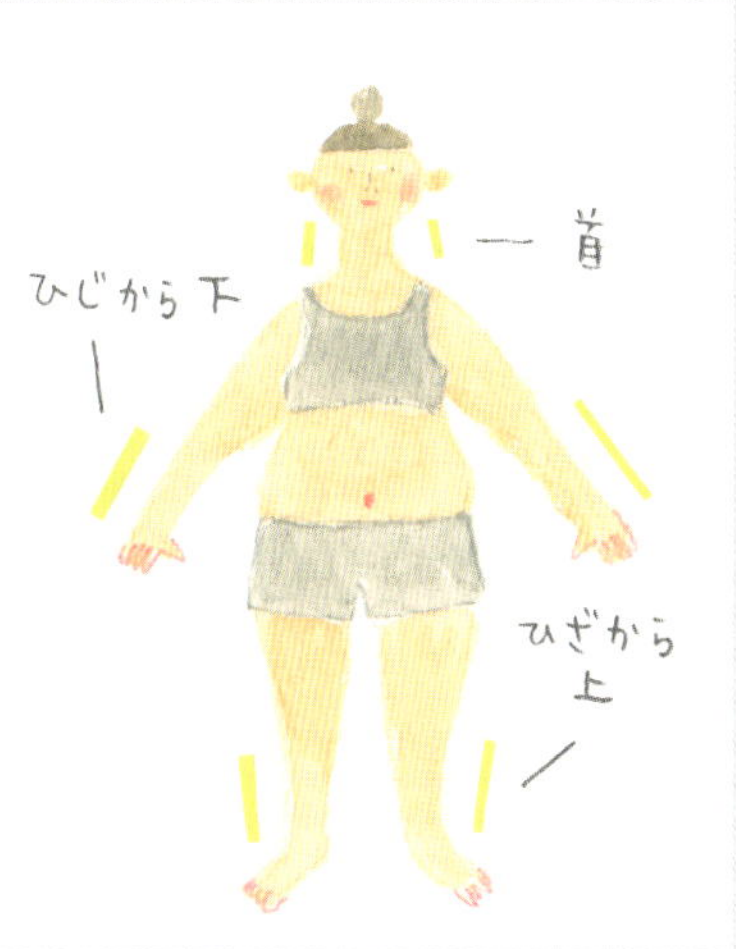
首
ひじから下
ひざから上

まとめ▼▼▼着痩せのコツは、①シルエットが直線的な服を選ぶ ②カラダの直線部分を出す

靴下を素敵に履いてみる

足元のおしゃれのこだわりは人それぞれにあると思いますが、私はどうしても透けるパンストが履けません。子どもの頃にイメージしていた大人の色気の象徴だからか、今の年齢に合うカジュアルな履きこなしが見つけられないのです。

逆に、「靴下だと子どもっぽくなりそうで苦手」という大人の女性もおられるでしょう。でも定番色の無地を選び、足首から7~10センチくらいの長さの靴下ならば、大人っぽく履きこなすことができます。ブラックコーデの時などは、アクセントになる赤や青などを差し色にしてもモード感が出ておしゃれです。

ゆったり
ソックスで
リラックス

スポーツサンダル×グレーソックス

歩きやすく疲れにくいスポーツサンダル×靴下は、意外とスカートやワンピースにも合わせやすい。コーデ全体を軽やかに見せる効果も

学生のような
さわやかさ

ローファー×紺ソックス

白シャツに黒プリーツのスカートなど、制服のようなクラシカルスタイルにはネイビーのソックスを合わせて

まとめ▼▼▼靴下を上手に取り入れると、パンストより清潔感ある着こなしに

ブラックコーデのポイントカラーに

かかとから
15cm丈が
ワンピースと
バランスよし!

黒シューズ × 赤ソックス

全身黒でまとめたコーデに靴下の赤を差し色にすると、ぐっとモダンでおしゃれな印象に。バッグやネイルと合わせても素敵

パンツスタイルにかわいらしさを

肌を少し
見せるのが
ポイント!

パンプス × 白ソックス

パンプスにソックスを合わせるのもアリ。シンプルなのに女性らしいかわいらしさをプラスできます

プチプラはケチらず買い替える

47歳の私にとって、おしゃれにいちばん大切なのは清潔感だと思っています。だからこそうまく付き合うようにしているのが、プチプラブランド。千円台でも着心地のいいアイテムが増えているし、なにより買い替えのハードルが低い。お気に入りだからと劣化しても手放さずにいたり、毛玉やシワの手入れに時間をかけても効果はイマイチで落ち込んだりすることが減り、今では欠かせない存在です。とくにここ数年、2～3年に一度のサイクルで買い替えているのがユニクロのカシミアセーターです。肌触り、暖かさ、デザインのシンプルさ、家で洗濯しても毛玉ができにくいなどいいことだらけで気に入っています。

第一印象で
大事にしたい清潔感
CHECK 1
衿もとがヨレッとしてない
CHECK 2
毛玉がない
CHECK 3
色あせしてない
CHECK 4
ボトムスがしわしわヨレヨレじゃない
CHECK 5
フラットシューズのつま先の革がはがれてない

ただ、メインの服が人とかぶるのは避けたいので、プチプラで買うのは靴下やタイツ、ジャケットなどの中に着るトップス、ベーシックなデニムなどと決めています。自分の好きなこだわりの服とうまくミックスすることで、全体としてチープな印象にならないようにするのがポイントです。

買い替えは、千円台のものは一年に一度、4千円以上のものは2、3年に一度のペース。もはやおしゃれの必要経費的感覚で、毎シーズン一万円くらいはこの買い替え枠として心積もりしています。そしてたまには流行りものにも挑戦。プチプラだとチャレンジしやすいので、トレンドを身につけるとウキウキ感を忘れずにいられるのも醍醐味ですね。

まとめ▼▼▼おしゃれに必須の清潔感は、プチプラの買い替えで手軽にキープ

手作りアクセサリーは素材に注意

手作りというと難しそう、安っぽく見えるというイメージがあるかもしれませんが、素材選びさえ気をつければ、大人っぽくて素敵です。若い頃は、なんだかしあわせほっこり感アピールをしているようで抵抗もあったのですが、最近は「私はこういう趣味をもつ者です」と堂々とできるようになったのかもしれません。どこにも売ってないという点でも自信につながり、初対面の方に会うときなどこそ自己紹介代わりに着けることも。ここでは、手芸初心者の方にもおすすめな3点の作り方を紹介します。

ラッピング
ネックレス
麻やシルク
がおすすめ

材料
4×132cmの生地
直径12mmのアクリルビーズ30個

作り方
1. 生地を二ツ折りにして端から20cmの位置に返し口（10cm）を空けて縫う
2. 箸などを使って中表にひっくり返す
3. リボン結びにする長さ（35cm）を両端に残し、返し口からビーズを入れる
4. 針に糸を通して3回ほどぐるぐる巻いてぎゅっと縛る
5. ビーズ一個分の長さを中から通して4と同じようにビーズを固定
6. 30個のビーズを固定したら返し口を閉じる

まとめ▼▼▼素材選びさえ注意すれば、手作り小物は自信につながります

カラフルスエードピアス

材料
スエード生地5×10cm
フープピアス

作り方
1. スエード生地を型紙に合わせて40枚カットし、太めの針で穴を空ける
2. フープピアスに2を通す

［原寸型紙］

ポンポンバッグ

材料
毛糸（長さは作りたい大きさや密度により調整）

作り方
1. 作りたいサイズのポンポンの直径のダンボールを用意
2. 1に100回ほど毛糸を巻く
3. 巻いたものを外し、真ん中で縛る
4. 上下をハサミで切り丸く形を整える
5. カゴや布バッグなどに縫いつけるか同じ毛糸でくくりつければ完成

トラブルヘアをおしゃれにカバー

白髪意以外にも髪の悩みはいろいろです。前頭部の薄毛が目立ってきたり、毛一本一本が細く痩せたり、触り心地がガサガサだったり、縮れたようでところどころぴょんぴょん出てくるものもいます。

洗い方や染め方を変えて根本的な改善を目指す一方、毎日のおしゃれにはもうすこし手軽な工夫も取り入れています。なかでも気に入っているのが、ヘアターバンやベレー帽。トラブルヘアをそれとなく隠しながら着こなしのアクセントにもなる、頼もしい相棒として手放せません。

ターバンは手作りです。といっても細長い筒を縫うだけなので、30分もあれば完成。麻素材やコーデュロイ生地などいくつか作って、コーディネートに合わせて使っています。生えかけの白髪を隠すのにもぴったりで、作り方のワークショップを開いたときは大人気でした。ベレー帽は季節ごとに定番色を持っています。頭が小さくまとまるとスタイルアップにつながりますし、これだけでファッションのスパイスになり、全身をモードっぽく引き上げてくれます。

もうひとつ、こめかみやつむじなど生えたて数センチの白髪をカバーできるのがthrow《スロウ》のヘアファンデーション。ブラシやスポンジでさっと塗るだけで隠せてとっても便利。母にも贈りましたが気に入ってくれています。おしゃれなパッケージも高ポイントです。

［おすすめ商品→112ページ］

まとめ▼▼▼隠し方も工夫次第。ファッションアイテムで楽しみながらカバーしよう

ヘア・ターバン

材料
20×105cmの生地

作り方
1. 生地を二つ折りにして返し口を開けて縫う
2. 中表に返して返し口を閉じる

耳は外に出さない方が大人っぽい

ヘアファンデーション

THROW
ヘアカラーコンシーラー
ブラシでボカしながら塗るとなじみます

母にプレゼントしたら喜んでくれました

ベレー帽

サイズは指が1本入る余裕があるといい
黒・グレーなど定番カラーが使いやすい
片耳はかくす
片耳ピアスでバランスを

疲れて見えないひとつ結び

髪にうねりやクセがあったりパサついていたりすると、ただおろすだけでもブローが必要。肩より長いと、スタイリングに20分以上かかることもしばしばです。かといってショートヘアにすると、2ヶ月に一度は美容院に通わないと爽やかさをキープできません。面倒くさがりの私には、できればセミロングくらいを保ちつつ、ラクでツヤ感のあるスタイルが理想です。

そこで研究したのが、大人のひとつ結びです。これなら5分でできるので、忙しい朝でも本当にラク。ただ、ちょっと間違えると疲れたおばさんに見えがちなので、街のおしゃれなひとつ結びの人を見ては、自分でもいろいろ試してみました。

おすすめのスタイルはふたつ。ひとつめは、耳より低い位置でのひとつ結び。サイドを耳にかぶせると、クラシカルでより落ち着いた雰囲気です。ふたつめは耳と平行な高さ。こちらは元気で明るい印象で（これ以上高くすると逆に若作りに見えるのでNG）、おくれ毛をきれいに押さえるのがポイントです。アロマバーム（86ページで紹介）を手に馴染ませ、髪全体につけてから結ぶとサイドもスッキリまとまります。また、どちらも最後に「こなれ感」を出すコツが。ひとつ結びをした後に、結び目を片手で押さえながら、もう片方の手でトップをところどころつまんでゆるめるのです。引っぱる方向はイラストを参照。これで一気にこなれ感が出せますよ。

まとめ▼▼▼ポイントはツヤと「こなれ感」。パサつきを押さえ、トップに自然なボリュームを

優しくて落ちついた印象にしたいとき

若々しく元気に見せたいとき

メイクは薄いほうが老けて見えない

メイクは劇的に変えたことがひとつ。ファンデーションを使うのをやめ、ベースをＣＣクリームだけにしたことです。切り替えたのは5年ほど前。年々増えるシミ、クマ、毛穴は、ファンデーションをどんなに厚く塗っても隠せず、むしろ塗れば塗るほど余計に粗が目立ちます。「ならばいっそ、ファンデーションを卒業しよう」と、それまで使っていた下地のみにしたのです。カバー力こそないけれど、自然な明るさが素肌っぽく、仕上がりもつやっと自然です。実年齢より老けて見えない気がするし、自分の血色が見える程度のほんの薄づきで十分なので、肌への負担も軽く済んでいます。

ほかのアイテムも、潤いを足してくれるような機能のものが今はしっくりきています。クリームチークやクリームアイシャドー、口紅もマットな質感は避け、ぷるっと見えるＴＨＲＥＥ《スリー》のグロス「シマリングリップジャム」がお気に入り。眉毛とアイライン、マスカラは、黒だとくっきりと際立ちすぎ、なんだか不自然で老けて見える気がしてしまい、避けるようになりました。目の光彩に近い色のほうが瞳がきれいに見えるので、どれも茶色を選んでいます。

それからちょっとだけ手間をかけているのはメイク前のマッサージ。馴染む程度の精油で顔全体をほぐしていくと、血色が良くなり、メイク後の表情もぐんと明るみます。［おすすめ商品→112ページ］

まとめ▼▼▼今までと同じメイクでも、「やりすぎ」に見えてきたら見直しどき

BASE MAKE ノーファンデのベースメイク

自然なツヤがうれしい

シャネル
CCクリーム

くすみを飛ばす

ゲラン
メテリオットビーユ

お湯でオフできる

シゲタ
BB クリーム

POINT MAKE

ポイントメイクには黒(BLACK)は使いません

● アイブロウ

● アイライン

THREE
キャプティベイティング パフォーマンス フルイド アイライナー 02

● チーク&リップ

ADDICTION
ティントリップ プロテクター 007

THREE
● マスカラ

アトモスフェリック
ディフィニションマスカラ 05

● リップグロス

ADDICTION
リップグロスピュア 003

老けて見えるので要注意	やめました
ファンデーションの厚塗り・目元塗り	ファンデーション
目元ハッキリ効果のアイテム	黒のアイライン・マスカラ
うるおいのないリップメイク	マットな口紅

似合うネイルを自宅で楽しむ

ネイルは、いちばん小さなおしゃれを楽しむ場所だと思います。何もない日でも爪先に遊び心があると気持ちが上がるし、逆に剥げかかっていると人に会うのも恥ずかしい。だからたまにだけサロンへ行くより、週1回でも気になったらすぐ自分でケアするタイプです。

マニキュアで大事なのは、爪の形に合わせて似合うデザインをすることかなと思います。丸くて短めの爪の方には、アートっぽいデザインがおすすめ。先っちょだけにちょんと色をつけるデザインは私の定番です。赤がいちばんお気に入りですが、ピアスやマスカラと色を合わせるのも楽しい。どんな色でも悪目立ちせず、控えめだけどちょっと個性的で、丸爪をコンプレックスに感じていた私もネイルを楽しめるようになりました。逆に細長くスッとした爪の方には、きれいめのデザインが似合いそう。ベージュやグレーなどヌードカラーの単色塗りが似合うのは、細長爪さんの特権だと思います。

マニキュアの上にはトップコートを塗りますが、時間がないときは家でできるジェルもおすすめ。硬化用ライトはアマゾンでも二千円程度で売っていて、たった30秒でしっかりツヤツヤに固まります。ただ注意したいのは剥がすとき。無理すると爪が傷むので、必ず専用のヤスリを使うようにしています。

[おすすめ商品→112ページ]

ショートネイルにもおすすめ

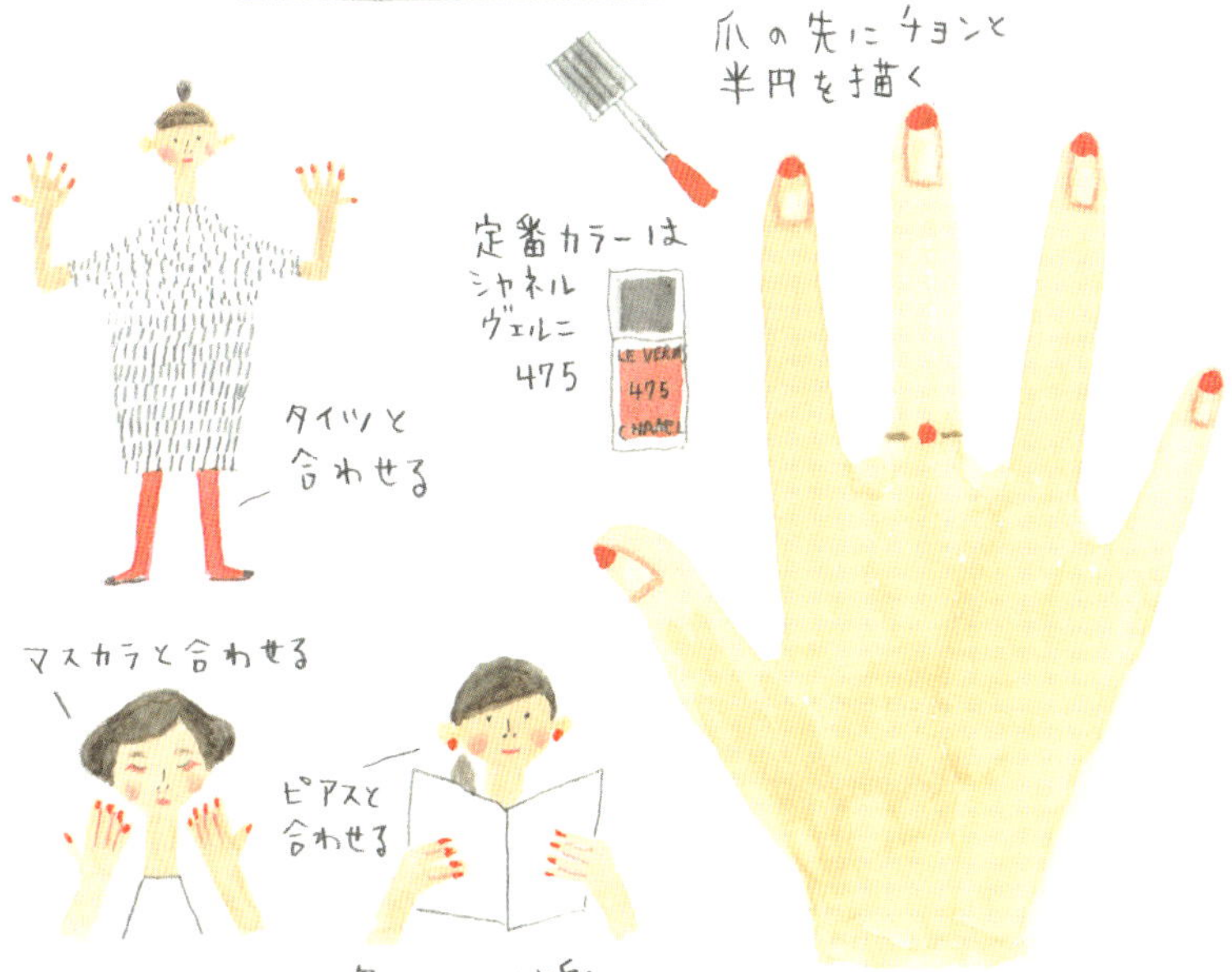

服やアクセとの色合わせが楽しい

トップコート代わりのジェルネイル

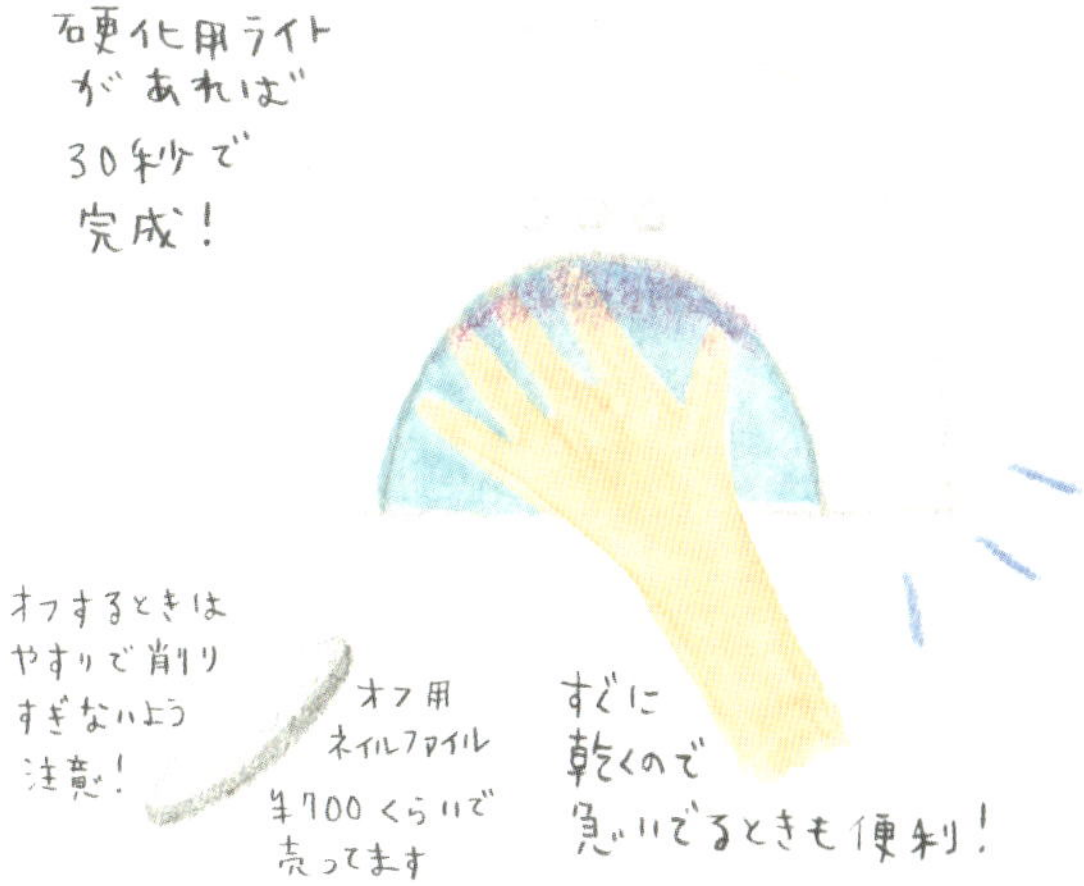

ビオチンサプリ

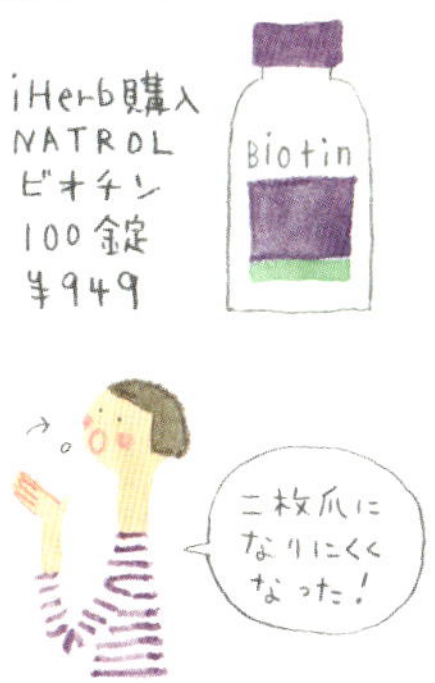

まとめ▼▼▼マニキュアもジェルも、家でできるとハードルがぐんと下がります

気持ちいい＆恥ずかしくない素足

つやつや若々しい
かかとで
サンダルを
履きたい！
かわいいペディキュア
も楽しみます

肌のケアで見て見ぬふりをしがちなのが足、とくにかかとです。夏は素足にサンダルで出かけることも多くなりますが、かかとや指のまわりの皮膚がカチンコチンに固まっていると、おばさん丸出しで恥ずかしい。そこで、年に一度6月頃、念入りな角質ケアをするようにしています。といってもずぼらな私が面倒くさがらずにできるのは、ピーリング剤の入った専用ブーツに30分足を浸けるだけだから。痛みもかゆみもまったくなくて、一週間経った頃からペロペロと古い皮がめくれはじめ、柔らかい赤ちゃん肌が出てきます。そのあとはしっかり保湿ケア。人それぞれ方法があると思いますが、私はビタミンEオイルとシアバターを混ぜたものでマッサージしています。ぷるぷるの新しい肌は気持ちがいいし、おしゃれのためならケアも楽しく続きます。

冬に乾燥でダメージを受けるのもかかとです。ひび割れて痛くなることも多かったのですが、電動角質ローラーに出会ってからは、力要らずで簡単にケアできるようになりました。これは昭和の時代にはなかったラクチンアイテム！　繊細なローラーが皮膚を薄くパウダー状に削っていくので、仕上がりはプロの手を借りたよう。軽石やヤスリで削ったようなザラザラ感が残りもせず、自分で加減を調整しながら使えるところも安心です。ただいずれも肌の弱い方などにはちょっと刺激が強いかも。使用上の注意をよく読み、様子をみながら試すほうがよさそうです。

【おすすめ商品→112ページ】

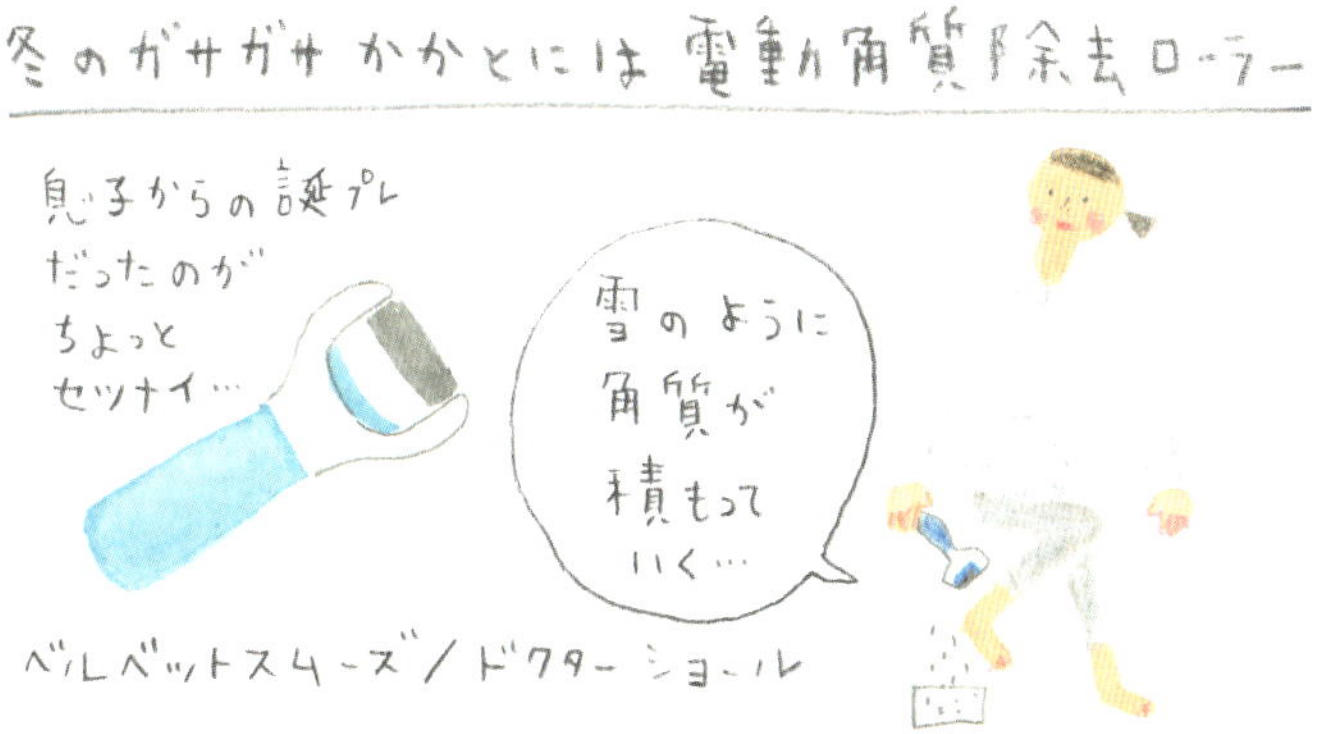
冬のガサガサかかとには電動角質除去ローラー
息子からの誕プレだったのがちょっとセツナイ…
雪のように角質が積もっていく…
ベルベットスムーズ／ドクターショール

夏の角質ケアはピーリング
薬剤の入ったブーツを履いて30分
1週間後にはつるつるになります
ベビーフット／リベルタ

まとめ▼▼▼意外と見られるかかと。年に2回、念入りケアすればすべすべです

40代からのおすすめ美容グッズ

ベースメイクのアイテムや、ポイントメイクの色は引き算。
自然な見た目や潤いを大事にしています。

ヘアカラーコンシーラー

THROW 2,800円

生え際やこめかみ等、白髪が少し伸びてきた状態の時に便利。付属のパフで馴染ませるだけで簡単にカバーできます。

キャプティベイティングパフォーマンスフルイドアイライナー

THREE 3,564円

黒すぎず茶色すぎない、絶妙なニュアンスカラーがラインナップ。肌馴染み良く、瞳をきれいに見せてくれます。

メテオリット ビーユ

GUERLAIN 7,700円

ルースパウダー。キラキラしすぎない自然なツヤ感で、肌のくすみを飛ばしてくれる。UVクリームにこれだけの日も。

UV スキンパーフェクション

SHIGETA 25ml 3,348円

薄く塗るだけでツヤ肌に仕上がるSPF30 PA +++のUVクリーム。軽いつけ心地で、洗顔だけでオフできるところも◎。

ティント リッププロテクター + モア

ADDICTION 2,700円

チークにもリップにも使える優秀なアイテム。愛用カラー「007ドアオープン」は、血色がよく見える赤色。

ヴェルニ ロング トゥニュ

CHANEL 3,200円

ムラなく塗れて乾きが速い、仕上がりの美しいエナメルネイル。発色の良さやツヤも長続きするのでお気に入り。

ビオチン*

Natrol 100錠 1,000円前後

髪の毛や爪、肌を健やかに保つのをサポートしてくれるビオチンの錠剤。二枚爪だったのが丈夫になった気がします。

ベルベットスムーズ

ドクターショール 1,900円

ドラッグストア等で気軽に買える電動角質リムーバー。電動なので均一に削れ、今季強く続けるとすべすべに。

イージーパック

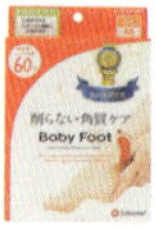

ベビーフット 1,800円前後

ピーリング剤を入れて足を浸けて洗い流すだけで、数日後から角質がやさしく剥ける。毎夏前に使っています。

＊海外直販サイト取扱い商品のため、安全性等については各自ご確認下さい。

4

好奇心

――十年先も日々を充実させる工夫

手紙習慣を復活させる

子ども中心の暮らしでは、生活のほとんどが家または近所。行動範囲がコンパクトに収まり、日頃連絡を取り合う相手も家族やママ友が中心です。連絡手段はもっぱらLINE。息子のクラスや習い事など保護者同士のグループで、メッセージがビュンビュン飛び交います。

そんな折、年下の女性からハガキをいただき、ハッと心に風穴があきました。メールやSNSではなく、アナログな手紙であることがなんとも嬉しく、自分もやっぱり手を動かす作業が好きなこと、紙でのやりとりにワクワクすることを思い出させてくれたのです。

さんかく文香《ふみこう》の作り方

材料・折り紙1枚で4個作れます
・化粧コットン
・好みの精油

好奇心を持とう、何か始めようと思っても、これまでまったく経験のない新しい趣味はなかなかハードルが高いもの。でも昔から好きなことならば、再開するのがそれほど難しくありません。私の場合、そのひとつが手紙です。書き心地の良い文房具を用意しただけでも心がときめき、自分の時間や習慣を取り戻した実感が湧きました。

加えてはまっているのが、文香《ふみこう》作りです。手紙と一緒に封筒に入れる小さな匂い袋のことで、平安時代から日本にある文化。老舗の和紙店などでも売っていますが、日常使いできるカジュアルなものを作ってみようと、好きな香りの精油で作るようになりました。手紙を書いたら一緒に入れ、ふわりと香るやさしい匂いが気持ちを届けてくれたらと思っています。

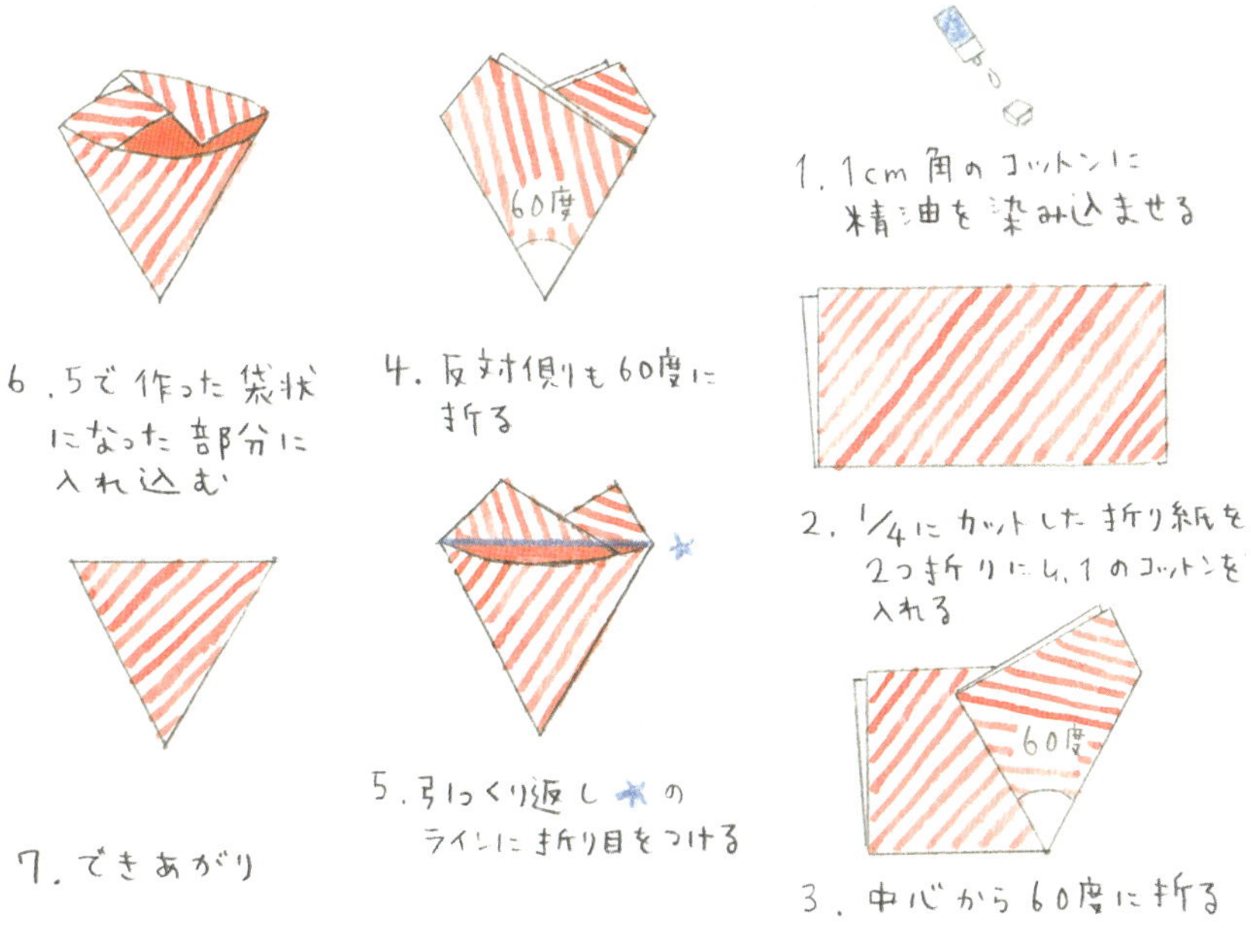

1. 1cm角のコットンに精油を染み込ませる
2. 1/4にカットした折り紙を2つ折りにし、1のコットンを入れる
60度
3. 中心から60度に折る
60度
4. 反対側も60度に折る
5. 引っくり返し★のラインに折り目をつける
6. 5で作った袋状になった部分に入れ込む
7. できあがり

まとめ▼▼▼昔から好きなことは何？ 慣れ親しんだ小さな趣味は再開しやすい

枝ものでのんびり季節を楽しむ

部屋に季節を取り込むと、私自身も途端にいきいきと力が湧きます。切り花でもよいのですが、最近気に入っているのが枝ものです。手入れがラクなうえに切り花より断然持ちがよく、たいてい数週間は楽しめます。一本だけでもダイナミックな迫力があって絵になるし、フレッシュな葉が部屋中に広がる気持ちよさはもちろん、種類によっては新芽が出たり花が咲いたり、実が熟したりと変化が楽しめるのも魅力です。「葉と枝だけなら春夏まで？」と思われるかもしれませんが、春は花付きのミモザや桃、夏は緑の葉がきれいなドウダンツツジ、秋冬は赤い実のついたサンキライと、最近は普通の生花店でもさまざまな種類が並んでいるので一年中飽きずに選べます。色数が少ないく、どんなインテリアにもすっと馴染むのもいいところ。切り花だと色や形の個性が強く、部屋に溶け込まないものもありますが、そういった心配がないのです。

　枝もの飾りが楽しくなってから、ちょっと奮発してHolmegaard《ホルムガード》のフローラベースを買いました。安定感があるので大きな枝も飾りやすく、お花屋さんをのぞくのがますます楽しみになりました。

まとめ▼▼▼花より手軽で長持ちするからずぼらさんにもおすすめです

summer
ドウダンツツジを
テーブルのセンターに
大胆に飾ると
さわやかな空間が
広がります

興味の素を「#《ハッシュタグ》」検索

インスタグラムを始めて3年ほどですが、今ではなくてはならない存在です。というのも、自分からの発信だけでなく、興味の素を探すのにとても便利なツールだから。玉石混合のインターネットサイトと違い、フォローした人の投稿だけが集まって表示される仕組みなので、自分のセンスに合う情報にヒットする確率が高いのです。アプリを開けば、自分専用の雑誌を眺めているよう。お店や美術館、カフェ、旅行先、おいしそうなごはんなど、「これいいな」「素敵だな」と思える情報がたくさんで、行ってみよう、やってみようとすぐ行動したくなってきます。

調べものをするときも、最近はインスタグラムで検索するのがいちばん手軽でスピーディーだと感じます。文字でなく写真で見られるもいいところ。調べたいキーワードに「#（ハッシュタグ）」をつけて検索すると、同じキーワードで投稿された写真だけが並ぶので、直感型の私にとっては、一目でパッと判断でき便利です。

たとえばインドカレーに凝っていた時のこと。「#インドカレー」で検索し、ずらりと出てくる写真の中からまずは惹かれた写真をクリック。そのあと場所や雰囲気、行列の有無などもチェックすれば、調べる↓見つかる↓予定を立てるがすぐできて、実際の行動にもうつしやすくなりました。

［おすすめアプリ↓139ページ］

まとめ▼▼▼インスタグラムで検索すれば、自分の「好き」が早く見つかる

ワークショップに参加して好奇心のドアを開く

ワークショップとは、体験型のイベントのこと。聞くだけ、見るだけの講習とは違い、実際に作ったり書いたり食べたりと体験をともなうところが特徴です。

最近ではSNSで案内していたり、本屋や雑貨屋さんでチラシを見かけることも増えましたが、私がいちばん利用するのは地元の区主催のもの。面白い企画が意外と多く、かまぼこの飾り切りやしめ縄作りなどの季節行事から、香道教室、北方民族の織物作り、畑体験まで様々な会があります。参加者の年代も幅広く、一人で行ってもすんなり馴染めるので気軽です。見つけるのはたいてい区報。隅々までチェックし、電話やハガキで申し込みます。逆に本屋や雑貨店主催のおしゃれなワークショップには、友人を誘って行ったほうが緊張せずに楽しめます。

それから是非おすすめなのが、旅先で参加してみること。私は宮古島とラオスで料理のワークショップに参加したことがあるのですが、現地の市場で買い物したり、見るのも初めての食材をさばいて地元の人と一緒に食べたのは、普通の観光旅行ではできない体験でした。その土地の暮らしを生で味わえるのが醍醐味です。

［おすすめサイト→139ページ］

ラオス旅行で参加したワークショップ

トマトとナスのディップ作り
トゥクトゥクに乗って市場へ買い出し
ジャングルの中で料理体験

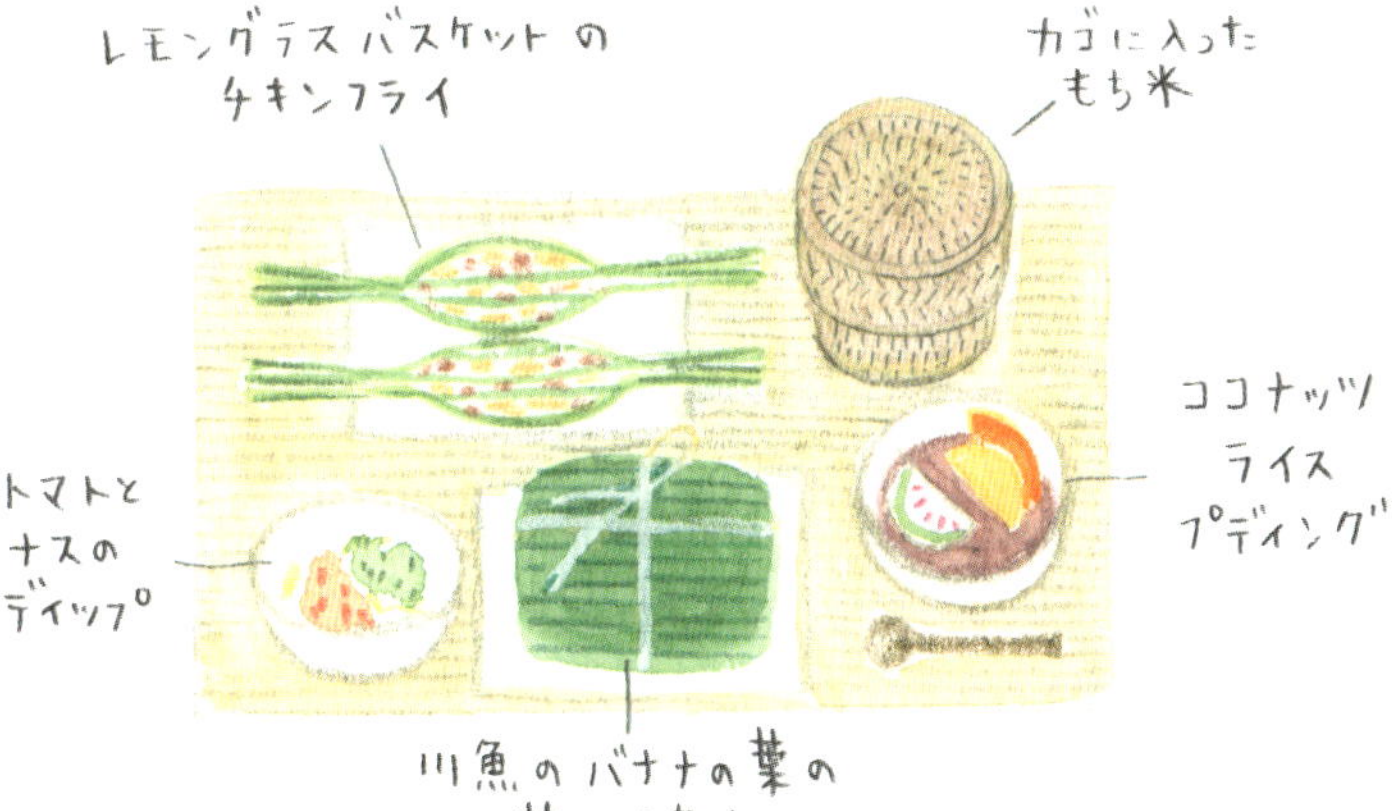

レモングラスバスケットのチキンフライ
カゴに入ったもち米
ココナッツライスプディング
トマトとナスのディップ
川魚のバナナの葉の蒸し焼き

場所	ラオス・ルアンパバーン	時間	6時間
主宰	タマリンドレストラン	費用	3700円

まとめ▼▼▼世の中には未知の体験がいっぱい。興味をもったら臆せず参加しよう

インターネットで売ってみる・買ってみる

主婦の友人のあいだでも、子育ての合間に作ったバッグやアクセサリーをインターネットで販売する人が増えました。オーダーを受け、お客さんとやりとりするうち次々作りたいものが湧くようで、みんなとっても楽しそう。代表的なサイトは「minne《ミンネ》」や「Creema《クリーマ》」。スマホでも簡単に出品・購入ができる手作りアイテムの売買サイトで、月々の固定費などもかからないため初心者でも使いやすいのだそう。私は時々、アクセサリーやアンティークビーズなどを買っています。

「メルカリ」や「ラクマ」などフリマアプリでは売ることのほうがやや多め。自分や子どもの着な

buy 私が買ったもの
¥12000
作家もののカゴバッグ
(クリーマ)
¥1800
アフガニスタンのカラフルバングル
(メルカリ)
自分だけのオンリーワンをみつける
¥2000
作家ものの籐のバングル
(インスタグラムのダイレクトメッセージで直接取引き)
血赤さんごのリング
(クリーマ)
¥2000

くなった服を断捨離したときに使います。始める前は「発送作業が面倒くさそう……」と思い込んでいましたが、コンビニや郵便局へ行けば専用のバーコードリーダーがあり、スマホをかざせば自動で送り状が印刷されます。登録すれば、詳しい住所を知らせることなく発送できるサービスもあり、プライバシーも守られます。

インスタグラムでは素敵なハンドメイド雑貨を見つけて「購入できますか?」と直接聞いてみることもあるし、私の絵や作品を見たフォロワーさんから、オーダーを受けることもあります。行動力さえあれば売ったり買ったり自由にできる。すごい時代です。

［おすすめアプリ↓139ページ］

Sell 私が売っているもの
着なくなった服や靴は マメに出品
子供のものも 売っています
かぞくの絵
インスタグラムに アップした作品を見て 気に入ってくれた方に 依頼を受けることも…
いずれは自分の ネットショップを立ち上げたい!
NET SHOP
イラッシャイマセ

まとめ▼▼▼思っていたよりずっと手軽。始めると世界が広がります

意欲に火をつける「隅から隅まで歩き」

大きな街に出かけて用事が済み、ぽっかり1、2時間空いたときは好奇心に火をつけるチャンスです。私がよくするのは「隅から隅まで歩き」。ホームセンターの手芸フロアやデパ地下の生鮮品売り場など、普段は欲しい商品目がけて直行するだけの場所を隅から隅まで歩くのです。

目的は、自分のアンテナにひっかかる新しい何かに出会うこと。「ここより先は行っても面白くなさそう」とか「私に必要な物はないだろう」といった先入観は振り捨てて、いつもは行かない売り場から歩き始めてみるくらいがおすすめです。行ったことのある場所も、初めてそこを訪れる旅人気分でのんびり歩くと、視点が変わって刺激や発見があることも。「今はこんなデザインが流行ってるんだ」とか「話には聞いたことあったけど、実物はこんなに大きいのね」など、人に話したくなるような驚きが得られて楽しいです。

もう一歩、実際に何か行動を起こしたいと思ったらコツがあります。それは、気になる物を見つけたらすぐに、使う場所や時間、頻度までシミュレーションすること。面倒くさがりな私でも、そこまでできたら確実に意欲に火がついてすぐさま購入し試してみたくなるものです。次のページでは、最近の「隅から隅まで歩き」で見つけたヒットアイテムを紹介します。

［おすすめショップ→137ページ］

stationery
books
craft
ピンときた
healthy
beauty
travel
bag
party
kitchen

隅から隅まで歩きで見つけたもの①

「革専用の染料」

見つけた場所：東急ハンズ
歩いた時間：1〜2時間

幾度となく通っているものの、「新しいものと出会う」をテーマにフロアマップを眺めると、見向きもしてこなかった売り場がたくさん。試しにレザークラフトコーナーをぐるぐる歩くと、革専用染料なるものを発見しました。「初心者でも家で染色できるなんて！」と感動し、試せる物はないか記憶を巡らすこと2、3分。クローゼットで眠らせている古い靴やバッグを思い出して購入しました。結果は大満足。今の年齢にちょうどいい、素敵な雰囲気に生まれ変わりました。

隅から隅まで歩きで見つけたもの②

「カッコいいのに女っぽい白シャツ」

見つけた場所：ルミネ(駅ビル)
歩いた時間：2時間

用と用のあいだ時間。ぼーっとお茶するのもよいのですが、刺激を求めて駅ビルへ。ずっと欲しかったけど妥協しては買いたくない、白シャツ探しに没頭しました。服はお気に入りのブランドがあるほうなので普段は決まった店しか行かないのですが、この時ばかりは微塵の可能性も逃すまいとレディース3フロアを隅々まで。「これだ！」という物に巡り合えた時は、歩いた甲斐があったと感動しました。ひとつのテーマを決めると、探すのが楽しくなりますよ。

「隅から隅まで歩き」で見つけたもの

革の染料 → 染めてリフォームしたもの

カッコイイのに女っぽい白シャツ

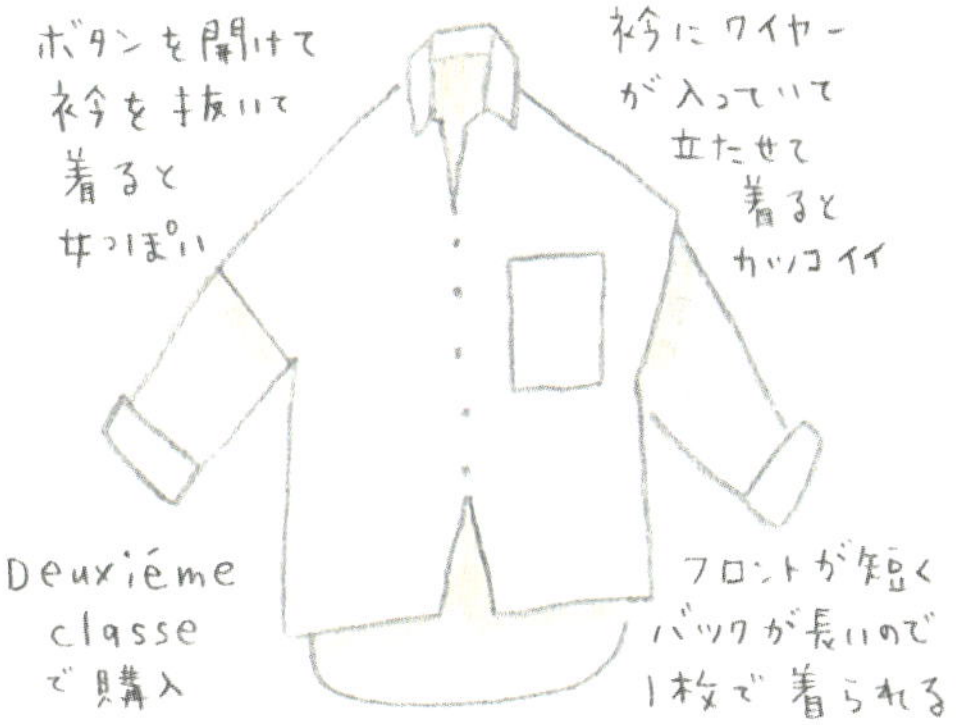

まとめ▼▼▼今まで興味がなかった場所も開拓すると自分が広がる

夜活、はじめました

夜、自由な時間がもてるようになったのは最近の大きな変化です。今まで夕飯の後といえば、ソファで洗濯物をたたむのが日課。テレビを見ながらのんびり家事をするのも好きでしたが、外に出て、自分だけの時間をもてるというのは、また格別の贅沢です。

近所にあるホットヨガには、1年ほど前から通っています。子どもを塾に送り出したら、ぼちぼち私も出発です。静かな行き帰り、自転車で切る夜風。頭が空っぽになるようで爽快です。ほかにも子ども時間が終わった図書館で小説を一章ゆっくり読んだり、夕食後の腹ごなしを兼ねてウォーキングがてら一駅先の銭湯へ行くことも。暗くなってから体を動かすなんて以前は考えたこともなかったけれど、15分歩くだけでも全身の血がめぐって気持ちがいい。帰る頃にはほどよい疲労で、よく眠れるようになりました。カフェのある本屋もよく行きます。一人で行っても溶け込みやすく、ちょっとお茶するだけでも時間がゆっくり感じられ、初めての夜活にはおすすめです。

家族がみんな出かけている日は、家で勉強をするのもいいですね。ワードやエクセル、フォトショップなどパソコン関係の勉強を、集中してする日もつくりたいと思っています。みなさんはもし夜、2時間自由があったら、どんなことをしてみたいですか？

まとめ▼▼▼やっとできた自由時間。自分のために使いましょう

ママ友は人生の同志になる

ママ友は、母親としての私を支えてくれる大事な人たち。「ママ友」という呼び名がどこか軽く響いて聞こえるけれど、全国各地から出てきた人たちが、たまたまその地域で同世代の子どもを育てている。年齢も職業も全然違うのに、友達になれることをありがたいなあと思えるようになったのは、もうあと数年でママ友を作るチャンスもなくなることを実感しているからかもしれません。子どもが別々の学校へ進学すると、お付き合いは自然消滅していきます。そう、ママ友をつくれるのは、期間限定なんですよね。

自転車で行ける距離に住んでいるというのも、便利だなと感じます。「うちに寄っていかない？」「このあとランチしよう」と気軽に誘えるし、お互い家族のこともよく知っているので、近頃は子どもありきの知人というより、親戚のおばちゃん同士に近い感覚です。先日も近所でランチした後、場所を変えて4時間おしゃべり。娘からは「JK（女子高生）か！」と言われてしまいましたが、ママ友との気をつかわない付き合いは貴重なパワー源。大人になると一から人間関係を築くのが大変ですが、ママ友は人生の中で大変な時期を一緒に頑張って走ってきた同士なので、これからも大事な存在です。

最近の話題の中心は
同性、同世代ならではの
体調の変化について

まとめ▶▶▶「あの時は大変だった」とわかり合える友とは絆が強い

「家族年表」で十年先をシミュレーション

未来のことを考える時、昔から書いているのが「年齢年表」です。今の自分の年齢から十年後くらいまでを列に書き、その時どこに住み何をしているか（いたいか）、そのためには何か必要か、想像して書き出してみるものです。十代の頃は、28歳で結婚して30歳で子どもを産み、40歳で雑貨屋をオープンする……そんな夢見る年表でしたが、結婚してからは家族全員の年齢を記入する「家族年表」になりました。

これまでは出産、子どもの進学、夫の転職など、何か節目となるタイミングで書いては指針を見直してきました。最近になって、また書きたいという気持ちが湧いているのは、子どもの巣立ちや親との同居という新しい節目がちらつき始め、これからの人生の目安を立てよう、と思い始めたからかもしれません。

さて試しに書いてみると、現在私と夫は47歳。十年後は58歳になっていて、娘29歳、息子24歳。父は84歳、母80歳。娘は働きながら、早ければ結婚しているかな。息子も仕事に慣れた頃？　高齢になった両親はまだ元気かな。みんなの年齢を書き出すと、私の親としての経済的お役目が終わる時期や、故郷へ帰る可能性、そのタイミングが見えてきます。友人のなかには自然の多い地方へ引っ越したり、親の介護で故郷に戻る人もちらほら。急にはできない決断なので、家族年表をもとにしながらすこしずつ考え始めたところです。

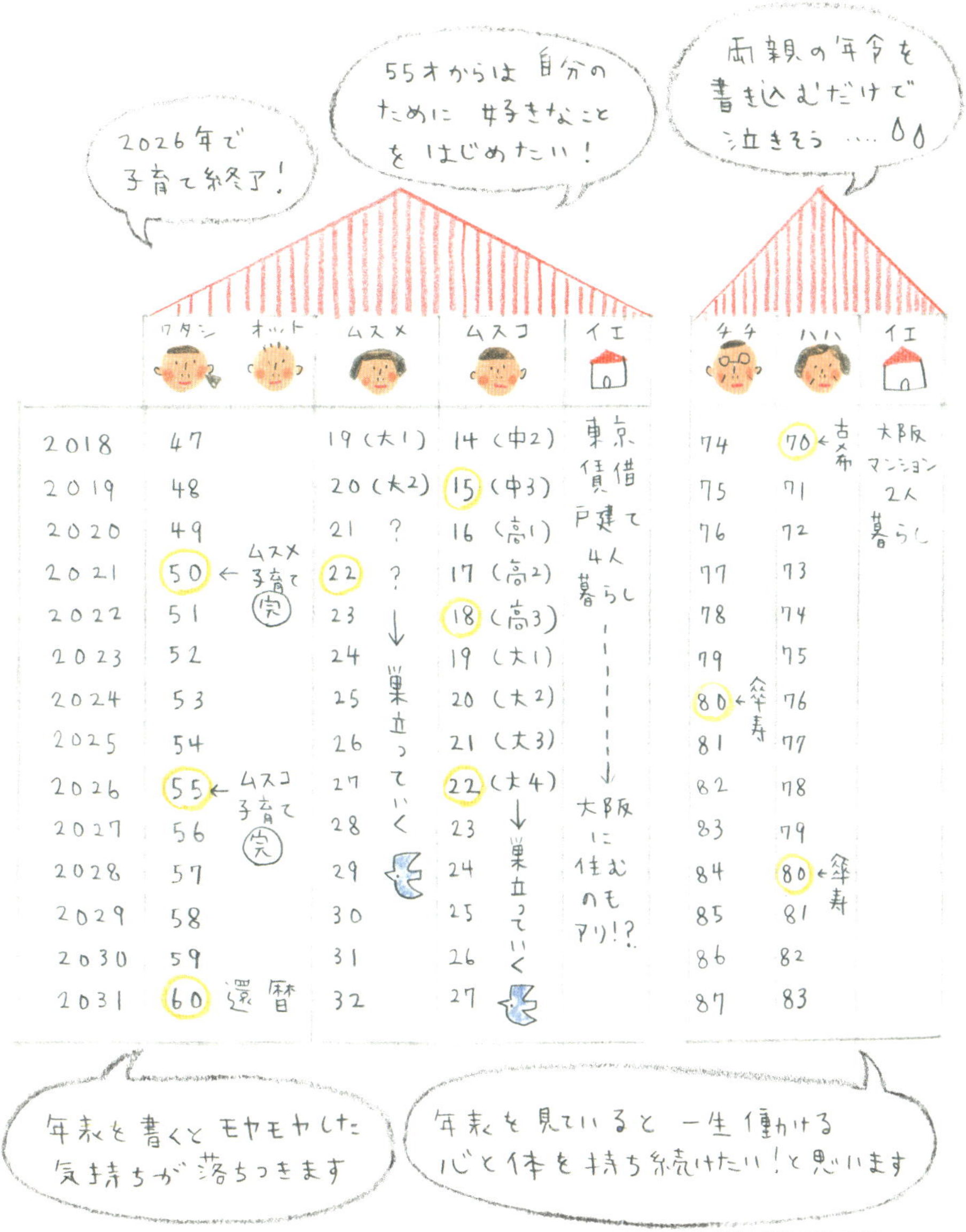

まとめ▶▶▶家やお金、介護など、大きな課題は早めに見据える

再会を大切に

20年ぶりの再会は 上京のついでに
我が家に寄ってもらうことが多いです

ここ最近、20年近く会っていなかった旧友と再会する機会が立て続けにありました。皆、母になる前の私を知る友人たち。お互い、子どもを預ける人探しやごはんの心配がなくなったせいか、フットワークが軽くなってすんなり会えるようになりました。

再会のきっかけは、インスタグラムやフェイスブック経由が多いです。メッセージを送ったり送り返したり。実際に会えなくてもそれだけで、安心したり勇気づけられたりします。住む場所や仕事が違っても、健康と親の話ではたいてい盛り上がるのも今の年代ならではかもしれません。

不思議なのは、長いあいだ会っていなくても、やりとりするとすぐ当時の自分の戻れること。心地がいいし、皆それぞれに経験を積んできているので新しい情報や気づきをもらえます。そして合言葉のように出るのは「楽しい50代にしよう！」ということ。子育てを終えた人はやっと自分の時間が戻ってくることにワクワクしているし、子育て真っ最中の人は「まだまだ頑張ろう」と誰より若々しく見えます。離婚した人は「出会いを探すよ」とこれからが女盛りです。

再会は緊張もありますが、会ってしまえば、世界が広がる貴重なチャンスだと感じます。家の中でここ二十年ほど頑張ってきた私には、家の外に自分のベースをつくることが、これからの人生を楽しく、豊かにしてくれるような直感もあります。

やっとゆとりを持てるようになったんだもの。自分のことを二の次にせず、「私ファースト」な人生の準備、すこしずつ始めているところです。

まとめ▼▼▼「今がいちばん充実している」と思えるように、自分を大事に暮らしませんか

好奇心を刺激するスポット

好きなもの、興味があることへアクセスすると体も心も元気に。
たまにはとってても大事です。

美術館・博物館

大原美術館

岡山県倉敷市中央1-1-15

ゴッホやモネなどの絵画から、日本の民藝、古代エジプトの作品まで幅広く所蔵。ギリシャ神殿風の本館など建物自体も見所。

庭園美術館

東京都港区白金台5-21-9

重要文化財でもある旧朝香宮邸を継承し、美しい建物と庭、美術品を楽しめる。リニューアルした新館やレストランも素敵。

日本民藝館

東京都目黒区駒場4-3-33

民藝の父、柳宗悦の審美眼を通して集められた、陶磁、織物、木工、漆工等幅広い新古諸工芸約1万7千品を所蔵。

河井寛次郎記念館

京都府京都市東山区五条坂鐘鋳町569

「暮しが仕事 仕事が暮し」の言葉を残した陶工・河井寛次郎の作品を展示。清水寺にほど近い、東山五条の住宅地にある。

森の中の家

京都府京丹後市久美浜町谷764 和久傳の森

日本料理の老舗、和久傳が2017年に開館した画家・安野光雅の作品を展示する美術館。館の設計は安藤忠雄氏。

あとりえ・う

東京都町田市鶴川1-13-12

山をテーマにした作品で知られる版画家、畦地梅太郎のアトリエを改装したギャラリー。常時60点ほどを展示。

ちひろ美術館

東京都練馬区下石神井4-7-2

絵本画家、いわさきちひろの作品と、世界の絵本画家を紹介する美術館。親子や絵本好きのためのイベントも様々行われている。

国立民族博物館

大阪府吹田市千里万博公園10-1

岡本太郎作の太陽の塔もそびえる、万博公園敷地内にある。世界中の文化や民族に関わる幅広い作品を所蔵。

手芸用品・文具店

コットンフィールド

東京都武蔵野市吉祥寺本町2-2-7

リボン、ボタン、生地など様々ハンドメイドパーツを扱う。輸入品やオリジナルキット等、他にはない品揃えも魅力。

木馬

東京都台東区蔵前4-16-8

高級リボンブランド、木馬のショールーム。所狭しと並ぶ美しいリボン、コード、レースは圧巻。個人でも購入可能。

五色.com

http://gosiki.com/

料理のあしらいとして使う葉や花、枝等を販売するウェブサイト。食卓に季節感を添える素材を知ることができる。

榛原

東京都中央区日本橋2-7-1 東京日本橋タワー

創業2百年以上の歴史をもつ和紙舗。美しく上質な和紙は眺めているだけでも心がときめく。はがきや季節の飾りも販売。

東急ハンズ

東京都渋谷区宇田川町12-18（渋谷店）

全国にある大型ホームセンター。よく行くのは渋谷店。B2～8階まで探検するように巡るのも楽しい。

いせ辰

東京都台東区谷2-18-9

元治元年創業の江戸千代紙やおもちゃ絵の版元。江戸の文化を反映した色鮮やかな手摺りの千代紙や伝統製法の張子等を扱う。

オカダヤ

東京都新宿区新宿3-23-17（本店）

関東を中心に展開する手芸用品店。新宿本店は服飾館と生地館があり充実の品揃え。行くと必ず何か作りたくなる！

世界堂

東京都新宿区新宿3-1-1 世界堂ビル1～5F（新宿本店）

学生からプロまで厚く支持される画材、文房具、額縁等の専門店。多くの商品は店頭で使い心地を試せるのも嬉しい。

神社・寺と甘味処

伊勢神宮と赤福

三重県伊勢市宇治館町1
三重県伊勢市宇治中之切町26

息子のお宮参りもした、思い出深い神社のひとつ。徒歩15分にある赤福本店の「赤福氷」(夏季限定)はここでしか食べられない味と雰囲気。

世田谷八幡宮とまほろ堂 蒼月

東京都世田谷区宮坂1-26-3
東京都世田谷区宮坂1-38-19 ウィンザーパレス103

共に世田谷線・宮の坂駅すぐ。世田谷八幡宮は住宅地にありながら緑が多く、古来奉納用だった土俵は現役。お参りの帰り、喫茶で一服。

上賀茂神社と神馬堂

京都府京都市北区上賀茂本山339
京都府京都市北区上賀茂御薗口町4

緑豊かで境内をぐるっと歩くだけでリフレッシュ。お土産に買う神馬堂の焼き餅は包み紙がかわいくて捨てられません。

今宮神社とあぶり餅 かざりや

京都府京都市北区紫野今宮町21
京都府京都市北区紫野今宮町96

こちらにお参り行く時は、ほぼ、あぶり餅が目当て。京都を満喫している雰囲気が味わえるスポットです。

四天王寺と総本家釣鐘屋本舗

大阪府大阪市天王寺区四天王寺1-11-18
大阪市浪速区恵美須東1-7-11

毎月骨董品や古着の露店が並ぶ縁日があり、ディープな大阪が楽しめます。参道にある釣鐘まんじゅうはあんこ入りがおすすめ。

サイト・アプリ

クリーマ

https://www.creema.jp/

手作り作品を通販・販売できるサイト。アクセサリーや雑貨、バッグ、ジュエリー等ファッション小物が特に充実。

メルカリ

https://www.mercari.com/jp/

スマホからの使い勝手抜群のフリマアプリ。出品・購入の流れはもちろん、コンビニや郵便局からの発送もとっても手軽。

ベイス

https://thebase.in/

フォーマットが用意されており、誰でも気軽にネットショップが作れるサイト。服、雑貨、食品等、取扱商品も幅広くOK。

ベルトラ

https://www.veltra.com/jp/

世界100ヵ国以上のオプショナルツアーを予約できる現地ツアー専門サイト。体験型のワークショップも掲載豊富。

トリップアドバイザー

https://www.tripadvisor.jp/

ホテルや航空券の予約サイトとして有名ですが、「観光」のタブには様々なツアーも掲載。口コミも豊富です。

dマガジン

https://magazine.dmkt-sp.jp/

月額432円の雑誌読み放題サイト。健康からファッション、メイク、ゴシップまで最新情報を手軽に得られます。

好きなブランドのフェイスブック

好きな服のブランドは、フェイスブックをフォローしておくと最新情報が流れてきて便利。買わずとも着こなし等の参考に。

著者

堀川波　*Horikawa Nami*

1971年生まれ。大阪芸術大学卒業後、おもちゃメーカー勤務を経て、絵本作家、イラストレーターに。著書は『40歳からの「似合う」が見つかる大人の着こなしレッスン』（PHP研究所）、『大人のおしゃれの新しい買い方』（KADOKAWA）、『わたしはあなたのこんなところが好き』（ポプラ社）など30冊を超える。

instagram.com/horikawa._.nami

45歳からの
自分を大事にする暮らし

2018年10月6日　初版第1刷発行

著者
堀川波

発行者
澤井聖一

発行所
株式会社エクスナレッジ
〒106-0032 東京都港区六本木7-2-26
http://www.xknowledge.co.jp/

問い合わせ先
編集　tel　03-3403-1381
　　　fax　03-3403-1345
販売　tel　03-3403-1321
　　　fax　03-3403-1829
　　　mail　info@xknowledge.co.jp